Gestão de logística, distribuição e trade marketing

Central de Qualidade — FGV Management
ouvidoria@fgv.br

PUBLICAÇÕES FGV Management

SÉRIE MARKETING

Gestão de logística, distribuição e trade marketing

4ª edição

Fernando Saba Arbache
Almir Garnier Santos
Christophe Montenegro
Wladimir Ferreira Salles

FGV management

FGV EDITORA

Direitos desta edição reservados à
EDITORA FGV
Rua Jornalista Orlando Dantas, 37
22231-010 — Rio de Janeiro, RJ — Brasil
Tels.: 0800-021-7777 — 21-3799-4427
Fax: 21-3799-4430
E-mail: editora@fgv.br — pedidoseditora@fgv.br
www.fgv.br/editora

Impresso no Brasil/*Printed in Brazil*

1ª edição — 2004; 2ª edição rev. atual. — 2006; 3ª edição — 2006; 1ª reimpressão — 2007; 2ª e 3ª reimpressões — 2008; 4ª e 5ª reimpressões — 2009; 6ª reimpressão — 2010; 4ª edição — 2011; 1ª reimpressão — 2011; 2ª e 3ª reimpressão — 2012; 4ª, 5ª e 6ª reimpressões — 2013; 7ª, 8ª e 9ª reimpressões — 2014; 10ª e 11ª reimpressões — 2015; 12ª reimpressão — 2018.

Preparação de originais: Sandra Maciel Frank
Editoração eletrônica: FA Editoração Eletrônica
Revisão: Fatima Caroni e Tathyana Viana
Capa: aspecto:design
Ilustração de capa: Romero Cavalcanti

Arbache, Fernando Saba
Gestão de logística, distribuição e trade marketing / Fernando Saba Arbache... [et al.]. — 4. ed. — Rio de Janeiro : Editora FGV, 2011.
180 p. — (Marketing (FGV Management))

Em colaboração com Almir Garnier Santos, Christophe Montenegro, Wladimir Ferreira Salles
Publicações FGV Management
Inclui bibliografia.
ISBN: 978-85-225-0870-9

1. Logística empresarial. 2. Canais de distribuição. 3. Distribuição física de bens. 4. Marketing. I. Santos, Almir Garnier. II. Montenegro, Christophe. III. Salles, Wladimir Ferreira. IV. FGV Management. V. Fundação Getulio Vargas. VI. Título. VII. Série.

CDD — 658.78

Aos nossos alunos e aos nossos colegas docentes,
que nos levam a pensar e a repensar as nossas práticas.

Sumário

Sumário

Apresentação

Este livro compõe as Publicações FGV Management, programa de educação continuada da Fundação Getulio Vargas (FGV).

Instituição de direito privado com mais de meio século de existência, a FGV vem gerando conhecimento por meio da pesquisa, transmitindo informações e formando habilidades por meio da educação, prestando assistência técnica às organizações e contribuindo para um Brasil sustentável e competitivo no cenário internacional.

A estrutura acadêmica da FGV é composta por oito escolas e institutos: a Escola Brasileira de Administração Pública e de Empresas (Ebape), dirigida pelo professor Flavio Carvalho de Vasconcelos; a Escola de Administração de Empresas de São Paulo (Eaesp), dirigida pela professora Maria Tereza Leme Fleury; a Escola de Pós-Graduação em Economia (EPGE), dirigida pelo professor Rubens Penha Cysne; o Centro de Pesquisa e Documentação de História Contemporânea do Brasil (Cpdoc), dirigido pelo professor Celso Castro; a Escola de Direito de São Paulo (Direito GV), dirigida pelo professor Ary Oswaldo Mattos Filho; a Escola de Direito do Rio de Janeiro (Direito Rio), dirigida pelo professor Joaquim Falcão; a Escola de Economia de São Paulo (Eesp), dirigida pelo professor Yoshiaki Nakano; o Instituto Brasileiro de Economia (Ibre), dirigido pelo professor Luiz Guilherme Schymura de Oliveira. São diversas unidades com a marca FGV, trabalhando com a mesma filosofia: gerar e disseminar o conhecimento pelo país.

Dentro de suas áreas específicas de conhecimento, cada escola é responsável pela criação e elaboração dos cursos oferecidos pelo Instituto de Desenvolvimento Educacional (IDE), criado em 2003 com o objetivo de coordenar e gerenciar uma rede de distribuição única para os produtos e serviços educacionais da FGV, por meio de suas escolas. Dirigido pelo professor Clovis de Faro e contando com a direção acadêmica do professor Carlos Osmar Bertero, o IDE engloba o programa FGV Management e sua rede conveniada, distribuída em todo o país (ver www.fgv.br/fgvmanagement), o programa de ensino a distância FGV Online (ver www.fgv.br/fgvonline), a Central de Qualidade e Inteligência de Negócios e o Programa de Cursos Corporativos In Company. Por meio de seus programas, o IDE desenvolve soluções em educação presencial e a distância e em treinamento corporativo customizado, prestando apoio efetivo à rede FGV, de acordo com os padrões de excelência da instituição.

Este livro representa mais um esforço da FGV em socializar seu aprendizado e suas conquistas. Ele é escrito por professores do FGV Management, profissionais de reconhecida competência acadêmica e prática, o que torna possível atender às demandas do mercado, tendo como suporte sólida fundamentação teórica.

A FGV espera, com mais essa iniciativa, oferecer a estudantes, gestores, técnicos — a todos, enfim, que têm internalizado o conceito de educação continuada, tão relevante nesta era do conhecimento — insumos que, agregados às suas práticas, possam contribuir para sua especialização, atualização e aperfeiçoamento.

Clovis de Faro
Diretor do Instituto de Desenvolvimento Educacional

Ricardo Spinelli de Carvalho
Diretor Executivo do FGV Management

Sylvia Constant Vergara
Coordenadora das Publicações FGV Management

Introdução

O propósito deste livro é apresentar alguns dos principais conceitos teóricos, ferramentas de apoio e exemplos de empresas líderes nas áreas de logística, distribuição e trade marketing, servindo como referência para a análise de como otimizar a produtividade e a lucratividade das empresas, dos mais variados ramos de atuação, no atual contexto dos negócios.

Por isso, o livro está dividido em cinco capítulos, além desta introdução e da conclusão. O capítulo 1 apresenta a evolução histórica do emprego da logística e explicita a importância estratégica da logística, distribuição e trade marketing nas empresas atualmente, analisando as alterações recentes no cenário dos negócios que, por questões estruturais, evidenciaram a logística, a distribuição e o trade marketing no Brasil.

O capítulo 2 desenvolve, de forma sucinta, uma abordagem ampla e geral sobre a logística, sua evolução e emprego até o gerenciamento global da cadeia de suprimentos. Detalha o seu estudo ao apresentar as principais atividades da execução da logística, tais esforços sendo percebidos pelo cliente no ponto de venda. Aborda, ainda, a logística à luz de empresas industriais e prestadoras de serviço, procurando apresentar uma visão única, ainda que particular, para esses segmentos de atuação.

A otimização da logística, compreendendo o emprego mais eficiente de tecnologias de informação como apoio, dando ênfase à redução de tempos de atraso em processos e colaboração interna ou externa na cadeia de suprimentos, é o cerne do capítulo 3.

O capítulo 4 cuida da importante missão de ligar a empresa a seus clientes por meio de canais de distribuição. Neste capítulo os canais são definidos, qualificados e analisados sob o ponto de vista da sua integração e propósitos do ambiente geral do negócio. As questões de competição e conflito nos canais, as estruturas mais comuns para determinados segmentos de atuação e as principais propriedades dos canais de distribuição são tratadas.

No capítulo 5 detalha-se a importante e revolucionária forma de trabalho no ponto de venda — ligação maior, no nível operacional, entre a logística, seus canais de distribuição e vendas e o marketing — conhecida como trade marketing. Este capítulo detalha como adaptar os produtos, a logística, as políticas e as estratégias de marketing das marcas, de modo a conquistar o consumidor nos pontos de venda, satisfazendo da melhor maneira possível as necessidades de canais comerciais específicos e de clientes estratégicos. Este capítulo descreve também as vantagens e formas de se utilizar o trade marketing.

Os assuntos tratados neste livro — logística, distribuição e trade marketing — são fundamentais para a geração de valor aos clientes por meio de um serviço que reduza custos operacionais, essência da atuação da logística empresarial, o que é muito importante nestes tempos de grande ênfase nas estratégias de fidelização devido ao acirramento da competição em vários segmentos de negócio. O desafio que se faz presente, para nós autores, é o de englobar da forma mais geral possível os conceitos básicos que apoiam as práticas das empresas líderes nas mais diversas áreas de atuação. O seu, leitor, é o de ser capaz de fazer uma transposição particular das técnicas e ferramentas genéricas apresentadas ao longo do livro para o seu universo particular, adaptando o raciocínio a cada passo e inferindo suas próprias formas de melhorar o processo. Sucesso e prosperidade são os nossos votos!

1

Importância da logística na moderna economia

Logística é importante porque é capaz de auxiliar empresas e organizações na agregação e criação de valor ao cliente. Ela pode ser a chave para uma estratégia empresarial de sucesso, provendo uma multiplicidade de maneiras para diferenciar a empresa da concorrência através de um serviço superior ou, ainda, por meio de interessantes reduções de custo operacional.

Neste capítulo conceitua-se logística e seu componente de ligação física entre a empresa e seus clientes, a distribuição, e especifica-se o novo e importante conceito para empresas de varejo, o trade marketing, que complementa a logística e seus canais de distribuição no gerenciamento da demanda e demais ações de comunicação de marcas e ações promocionais no ponto de venda (PDV), onde muitas decisões de compra de *commodities* são tomadas. Analisam-se, ainda, as principais variáveis do atual cenário mercadológico que trouxeram a logística para o centro das preocupações de empresas e organizações de tamanhos e ramos tão diversos de atividades no Brasil, discute-se a importância estratégica da logística nas empresas e organizações e, por fim, apresenta-se uma breve evolução histórica do emprego da logística.

Afinal, o que são logística, distribuição e trade marketing?

Logística

Depois das primeiras experiências negativas ligadas ao comércio eletrônico (*e-commerce*) no Brasil, o termo logística, para muitos abstrato, passou a ser veiculado corriqueiramente na imprensa. A ela foi atribuída a "culpa" por entregas que não haviam sido efetuadas no prazo combinado ou que, simplesmente, não haviam acontecido (Lopes, 2000). Começaram a ser veiculadas na mídia matérias afiançando que a "culpa era da logística". Ao mesmo tempo, matérias mostrando a valorização dos profissionais capazes de fazer a "tal" logística funcionar (Diniz, 2003). Ainda recentemente, foi atribuída à logística a "nobre missão" de atrasar a invasão norte-americana no Iraque em matéria do *USA Today* (*Folha Online*, 2003).

Após tantas citações sobre logística, de áreas tão díspares, fica a seguinte questão: se ela é tão abrangente e poderosa, por que a maioria das pessoas, ao pensar em logística, a associa apenas às operações de transporte e armazenagem de produtos?

Para responder a esta e outras perguntas deve-se recorrer a definições clássicas do que vem a ser logística. Por exemplo, a Marinha do Brasil, que se preocupa basicamente em fazer com que todo o pessoal e material necessários à manutenção de uma unidade combatente específica estejam presentes no teatro de operações marítimo, refere-se à logística como a ciência de prever necessidades e prover soluções. Já o Council of

Logistics Management (CLM),[1] nos EUA, a define da seguinte maneira:

> Logística é o processo de planejar, implementar e controlar de maneira eficiente o fluxo e a armazenagem de produtos, bem como os serviços e informações associados, cobrindo desde o ponto de origem até o ponto de consumo, com o objetivo de atender aos requisitos do consumidor (Novaes, 2001).

Nessa definição percebe-se que o escopo da logística é muito amplo, indo muito além da simples movimentação e armazenagem de produtos. Envolve, cada vez em maior grau de importância, a gestão das muitas informações relevantes ao processo de planejamento, execução e controle do fluxo e armazenagem de produtos, além de todos os serviços associados. Assim, gerir informações sobre demanda de clientes, controlar o atendimento de pedidos e manter o rastreamento das entregas sendo realizadas e dos correspondentes pagamentos são atribuições da logística, ainda que executadas por profissionais de outras áreas na empresa.

Pela sua abrangência, a logística tornou-se importante demais para merecer destaque nos diversos campos de atuação econômica, nas organizações militares, indústrias, bancos, hospitais e organismos governamentais ligados à segurança pública e ao combate a calamidades, como o Corpo de Bombeiros ou a Defesa Civil, no Rio de Janeiro.

Ainda assim, pensar em logística apenas ligada a estoques e transportes tem suas razões: primeiro, porque estas são, em verdade, duas das atividades mais importantes da logística,

---

[1] Esta é a maior referência em logística no mundo, principalmente se o interesse estiver em varejo, uma vez que evoluiu do conselho de distribuição física. Podem-se obter muitas referências relevantes acessando o portal <www.clm1.org>.

quanto ao dispêndio de recursos, como será apresentado no capítulo 2; segundo, porque tradicionalmente essas atividades detinham maior atenção pelo seu peso financeiro quando o enfoque sistêmico nas operações empresariais não era tão difundido. A visão predominante era de que a otimização das partes levava naturalmente à otimização do todo.

Atualmente, a integração de processos internos e externos às empresas tem maior peso, pois a competição ficou tão acirrada que foi preciso arregimentar parceiros para coordenar processos tão precisos que os custos e as ineficiências fossem reduzidos além das capacidades individuais, levando ao próximo salto na logística: o gerenciamento global da cadeia de suprimentos, a ser melhor discutido no capítulo 2 deste livro.

Distribuição

Distribuição, distribuição física, logística de saída ou *outbound logistics* referem-se ao que ocorre com os produtos acabados desde que são armazenados até o momento em que são entregues aos clientes, em atendimento aos seus pedidos ou contratos de fornecimento contínuo.

A importância, sempre elevada, atribuída a esse processo baseia-se no fato de que muitas vezes essa é a única avaliação de serviço percebida pelos clientes da empresa distribuidora dos bens. Com a gestão eficiente dos canais de distribuição, muitas vezes chamados canais de marketing, a percepção do valor agregado pela empresa pode ser maior ou menor, e contribuir significativamente para a retenção de clientes e o posicionamento da marca da empresa no mercado ante a concorrência.

Se visualizarmos os macroprocessos logísticos em uma empresa genérica, entenderemos melhor o que a distribuição física representa (figura 1).

Figura 1

PRINCIPAIS MACROPROCESSOS LOGÍSTICOS

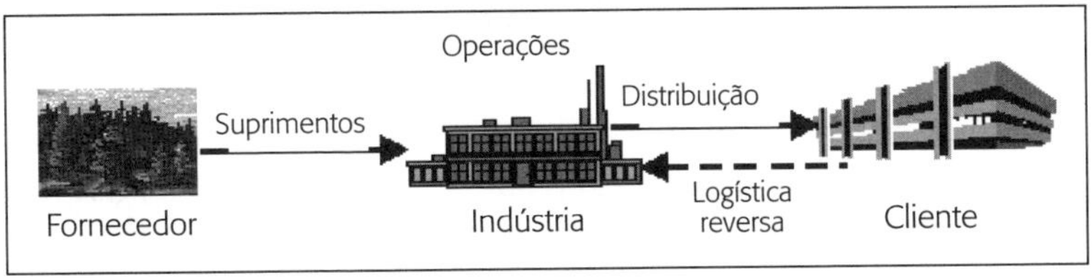

Na figura 1, notam-se três outros macroprocessos logísticos: logística de entrada, interna e reversa. Pode-se entender cada um deles da seguinte forma:

- logística de entrada, de suprimentos ou *inbound logistics* liga a empresa aos seus fornecedores;
- logística interna ou de operações relaciona-se ao controle das movimentações e dos estoques em processo nas linhas de produção, durante a fabricação dos produtos;
- logística reversa diz respeito ao fluxo inverso de produtos, dos clientes para a empresa. Este macroprocesso cresceu devido ao movimento de reciclagem ou verde, como ocorre quando a legislação impõe aos fabricantes de baterias ou de pneus a responsabilidade pela sua destinação final após o uso.

O capítulo 3 traz mais sobre distribuição e gestão de canais.

Trade marketing

O processo contínuo de fragmentação das mídias somado a uma maior especialização dos canais de venda, em um contexto onde o consumidor está cada vez mais difícil de ser conquistado, transformou o mercado num campo de batalha. As empresas lutam pela sua participação de mercado dia a dia.

Nesse cenário, continua sendo fundamental desenvolver marcas fortes que estabeleçam condições de enfrentar a concorrência, interesse dos canais de venda por sua comercialização e, o mais importante, a preferência dos consumidores.

O conhecimento dos hábitos e preferências dos consumidores é também, cada vez mais, a chave para o sucesso das estratégias de marketing e vendas. Para definir quais canais de comunicação deverão ser utilizados, que produtos devem ser desenvolvidos e quais os canais de comercialização mais críticos para atender às preferências de consumo do público.

Trade marketing busca investigar e discutir o desenvolvimento das relações entre fabricantes e canais de vendas, por meio do entendimento da relação entre marcas, pontos de venda e consumidores, para adaptar os produtos, a logística, as políticas e as estratégias de marketing das marcas, de modo a conquistar o consumidor nos pontos de venda, satisfazendo, da melhor maneira possível, as necessidades de canais comerciais específicos e de clientes estratégicos.

Em resumo, é uma filosofia de trabalho voltada para os canais de venda, com o objetivo de solidificar a relação entre fabricante e distribuidores, e atender com excelência os consumidores finais.

Para diversos autores, a logística responsabiliza-se por todos os macroprocessos — incluindo a distribuição física — necessários para disponibilizar produtos e serviços no ponto de venda. Contudo, isso não é suficiente para canais rápidos de varejo de *commodities*,[2] por causa da elevadíssima competição, principalmente nos mercados maduros.

---

[2] *Commodities* são aqui entendidas como produtos sem diferenciação, que têm, em geral, elevada oferta de diversos fabricantes e são facilmente emuláveis. Por exemplo, cigarros, bebidas, roupas que não são de grifes famosas etc. Neste segmento, o serviço torna-se um importante diferenciador da concorrência.

Qual é a correlação entre distribuição e trade marketing?

O foco principal das organizações é satisfazer as necessidades dos clientes e dos consumidores e, ao mesmo tempo, maximizar tanto a participação de mercado quanto o lucro. As duas funções-chave, distribuição e trade marketing, se combinam para dar suporte ao processo de venda. A distribuição é ao mesmo tempo separada e incluída em trade marketing, já que seus dois principais aspectos são: distribuição *para* o ponto de venda (PDV) e distribuição *no* ponto de venda.

A distribuição *para* o ponto de venda envolve o movimento físico do estoque para o PDV. Se não há estoque em quantidade, forma e qualidade adequadas, o produto não será vendido.

A distribuição *no* ponto de venda serve para assegurar a disponibilidade contínua do produto para o consumidor. O produto pode estar estocado, mas, se não estiver disponível para o consumidor, não será vendido.

Por que estudar logística, distribuição e trade marketing?

Em muitos segmentos de negócios, para que um profissional de qualquer área possa desempenhar bem suas funções cotidianas deve ter conhecimentos básicos de planejamento, execução e controle das operações logísticas por causa de sua importância e abrangência. Afinal, há interfaces da logística com, praticamente, todas as áreas da empresa, como mostra a figura 2.

Figura 2
ALGUMAS INTERFACES DA LOGÍSTICA COM AS DEMAIS ÁREAS DAS EMPRESAS

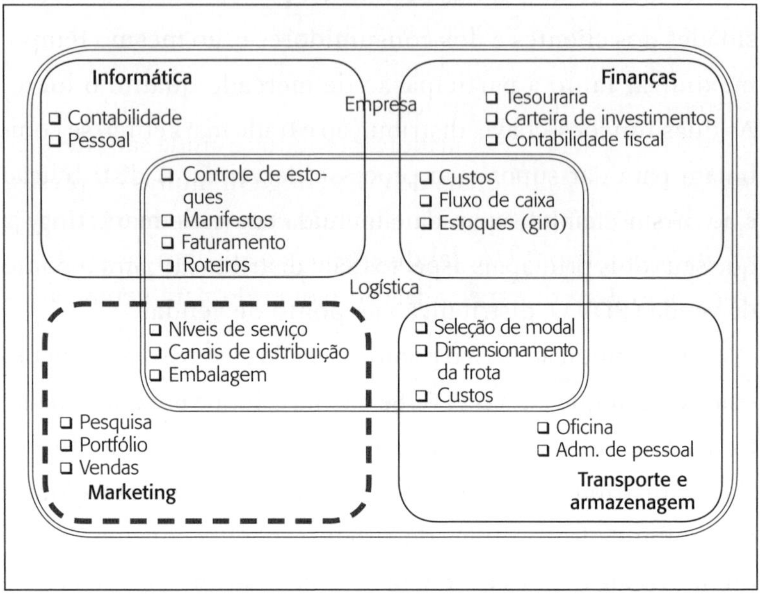

Parece muito pouco provável que um profissional de uma empresa de varejo ou de indústrias que reabastecem o varejo possa ignorar as operações ligadas à obtenção de matérias-primas para produzir os itens necessários para os pedidos dos clientes. O processo de distribuição por meio dos canais até as prateleiras do varejista ou, ainda, o comportamento do consumidor tomando as decisões de compra no PDV, tais operações influenciam toda a forma de fazer negócios da sua empresa.

Se para um profissional da área financeira, recursos humanos, treinamento ou de tecnologia de informação já seria muito útil conhecer estas operações para ampliar sua capacidade de desempenhar melhor suas atividades, o que dizer dos profissionais de marketing, alvo deste livro? Eles são confrontados diariamente com a necessidade de expandir o *market share* dos produtos ou serviços oferecidos, reter antigos clientes e obter novos. Logística, com suas ferramentas e complementos, pode ser fundamental, dependendo de como a empresa planeje e implemente sua estratégia, como será apresentado a seguir.

As operações logísticas têm tal entrelaçamento com o marketing que algumas das principais atividades da logística, como a gestão dos canais de distribuição, foram (e ainda são) desempenhadas por profissionais de marketing em muitas empresas. Segundo Regis McKenna, em algumas empresas de tecnologia do Vale do Silício, EUA, tal divergência de atribuições deve-se ao elevado grau de especialização requerido para gerenciar as operações logísticas nos últimos tempos, pois, segundo ele, "há 20, 30 anos os departamentos de marketing eram responsáveis pela distribuição" (Correa, 2002).

Em empresas onde as atividades de marketing e logística são administradas em áreas distintas, é necessário que haja um adequado entendimento entre os departamentos. Para as operações logísticas poderem ser consistentemente bem-realizadas, é preciso conhecer com clareza os requisitos dos clientes quanto ao grau de serviço a ser prestado. Uma empresa precisa saber como os clientes veem o seu serviço em relação ao da concorrência, para poder enfrentá-la bem. Por outro lado, a empresa deve avaliar o custo de prover um serviço logístico compatível com os anseios do mercado antes de oferecer produtos ou serviços aos clientes. Profissionais de marketing têm de conhecer como funciona a logística e como ela pode ser explorada em apoio à retenção e à obtenção de novos clientes.

Logística tem caráter estratégico

De acordo com Lobato e outros (2003), baseado em Ansoff, a estratégia empresarial consiste basicamente num conjunto de regras de decisão para orientar o comportamento de uma organização.

Já Porter (1989:22) afirma que "a estratégia de uma unidade empresarial é o caminho para a vantagem competitiva que determinará seu desempenho". Para Porter, a essência da estratégia é a busca de vantagem competitiva. Assim, estratégico, no contexto deste livro, refere-se ao que deriva da estratégia, ao posicionamento, planos, meios ou caminhos consistentemente adotados por uma empresa ou organização com o propósito de obter vantagem competitiva no longo prazo. Isto por si só é um grande desafio, como postulado por Ansoff, Declerk e Hayes (1981).

Porter (1989) contribuiu para o entendimento da importância da logística nas organizações ao defender o conceito de cadeia de valor que integra os principais macroprocessos da logística — suprimentos, operações e distribuição física — na agregação do valor percebido pelo cliente em última instância. Tal abordagem não é nova (Moysés Filho e Silva, 2002), mas é crítica para o entendimento de como a eficiente gestão dos processos logísticos presentes na cadeia de valor da empresa pode contribuir para a geração de uma oferta de valor superior ao cliente, que trará, no fim, vantagem competitiva ante a concorrência.

Uma gestão logística eficiente pode auxiliar a empresa bem-posicionada no mercado, em termos de produto ou serviço, a diferenciar-se por meio da redução de custos operacionais ou de um serviço benfeito (de maior valor aos olhos do cliente), superior ao da concorrência, ou ainda ambos em um segmento específico de clientes, produtos ou mesmo área geográfica. Segundo a taxonomia de Porter (1986), tais estratégias genéricas são respectivamente: liderança no custo total, diferenciação e enfoque.

É importante, contudo, observar que a gestão da logística e sua respectiva estratégia devem ser parte integrante da estratégia maior, global da empresa. Nesse contexto, a logística passa a ser um verdadeiro e eficaz recurso competitivo.

Quadro 1

Estratégia logística integrada na Benetton

Um exemplo de empresa em nosso país que emprega a logística como arma estratégica é a empresa de confecções e moda jovem Benetton. Ela é conhecida mundialmente pelas cores fortes e contrastantes de sua linha. Como as cores mais atrativas para cada peça mudam a cada estação, há grande risco de perda de produto por obsolescência. Assim, a Benetton utiliza uma das mais clássicas técnicas de otimização do fluxo de processo logístico, a postergação (*postponement*). Assim, a Benetton, que comercializa roupas no mundo todo, não tinge seus produtos na hora de fabricá-los, porque o mercado da moda é muito volátil. Eles são, na verdade, transportados e armazenados na cor cinza (fundo neutro), recebendo o tingimento final pouco antes de serem levados às lojas. Tal procedimento traz como vantagem possibilitar que o processo de manufatura e as funções logísticas da empresa sejam encarados de forma integrada e resolvidos em conjunto, reduzindo custos e melhorando o nível de serviço percebido pelo cliente, uma vez que a probabilidade de haver peças sobrando em cores indesejadas ou faltando aquelas que mais são demandadas a cada semana pelos clientes é consideravelmente reduzida. Este exemplo permite compreender como a logística cumpre a sua missão e como a integração interna de processos e o alinhamento da estratégia empresarial global com a logística podem trazer maior competitividade à empresa no mercado.

Fonte: Adaptado de Novaes (2001).

Há, porém, casos em que uma gestão logística eficiente e bem-planejada foi implantada e não trouxe a vantagem competitiva esperada, como no caso do veículo de passageiros classe A da Daimler-Chrysler, no Brasil. Tais exemplos servem de alerta para o fato de que apenas a gestão logística não conseguirá o sucesso desejado, caso tenha havido uma avaliação deficiente do mercado, dos clientes ou do poder de barganha dos fornecedores, por exemplo.

Os clientes devem estar no centro da estratégia logística

Não há valor para o produto até que ele seja colocado nas mãos do consumidor ou comprador no tempo e no local em que é necessário. Serviço ao consumidor é a adição ao produto das qualidades de arranjo ou forma, tempo e local que o fazem útil ao comprador. Por isso, todo o processo de planejamento e execução das atividades da logística, da distribuição e do trade marketing tem o cliente como origem e destino. Como origem, porque só há função para o sistema logístico da empresa a partir do momento em que existe uma demanda a ser satisfeita. Sem ela, sistemas logísticos são inúteis. O cliente é também o destino dos esforços logísticos, pois vai aprovar ou reprovar o serviço recebido, estabelecendo o seu padrão de avaliação ao comparar sua expectativa de serviço, a percepção do serviço prestado pelo sistema logístico da empresa e o da concorrência.

Por isso, a logística é vital para empresas que pretendem valorizar cada vez mais sua marca, reter o máximo de clientes, expandir *market share* e negócios no longo prazo. Por mais que se fale em gestão contemporânea e *customer relationship management* (CRM),[3] nada é capaz de atingir tais benefícios mais objetivamente do que fornecer de forma consistente um nível de serviço apropriado a um custo justo para cada segmento de clientes, chegando mesmo ao cliente individual, no melhor alinhamento com o marketing *one-to-one*. Assim, se a empresa consegue identificar, diferenciar e interagir, ela pode ser considerada realizando CRM e *database* marketing. Aquelas empresas

---

[3] Gerência de relacionamento é o termo mais usado no Brasil para CRM. Em geral refere-se a clientes. Contudo, pode ser diferente, uma vez que os mesmos princípios são aplicados a clientes, fornecedores e até mesmo empregados. Na CRM busca-se atender um cliente de cada vez, dando-lhe atenção suficiente para compreender suas necessidades, lembrar-se delas e realizá-las de forma lucrativa. A novidade fica por conta da era interativa, onde há ferramentas que permitem fazer isso com milhares ou milhões de clientes.

que vão além, que aprendem a usar o *feedback* de cada cliente para customizar o relacionamento individualmente, estarão engajadas em marketing um a um (Peppers e Rogers, 1997). Sem dúvida, o propósito maior do CRM.

Isso significa que se o cliente realmente adiciona valor ao que você pode fazer por ele, achará mais fácil e barato realizar mais negócios com você do que começar de novo com outra empresa. Na verdade, você ajudará o seu cliente a criar uma barreira para deixar de fazer negócios com você, de uma forma que ele mesmo deseje (Newell, 2000). Você não mais tentará comprar sua fidelidade apenas, como nos planos de milhagem das companhias aéreas. Venderá ao cliente a fidelidade dele à sua empresa. O CRM não é a criação de programas de fidelização, de colecionar pontos ou tampinhas, mas o estabelecimento de relacionamentos e a maximização do valor do relacionamento para os clientes e para a empresa, para o benefício do cliente e para o lucro da companhia.

Pense como você escolhe as empresas e profissionais liberais para prestar-lhes serviço ou fornecer-lhes produtos. Observe como a experiência positiva soma-se a cada nova oportunidade, fazendo com que a mudança de um médico, cabeleireiro ou advogado torne-se quase dolorosa após um período prévio de ajuste de expectativas. Por outro lado, serviços demorados, com variáveis graus de qualidade a cada nova solicitação, com preço fora da realidade local tornam o seu prestador "descartável", significando que o custo de procurar outro provedor é mais do que compensado pela expectativa de obter-se um serviço de qualidade consistente a um preço justo. Veja, por exemplo, a rede americana de cafés Starbucks, que criou uma experiência de consumo consistente para os seus frequentadores, segundo Regis McKenna (Correa, 2002). No Brasil, pode-se analisar o sucesso do popular biscoito de polvilho Globo, que tem distribuição pulverizada e nenhuma tecnologia sofisticada, mas é um sucesso de vendas.

Quadro 2

DISTRIBUIÇÃO PULVERIZADA DO BISCOITO DE POLVILHO GLOBO

O biscoito de polvilho Globo é, junto com o samba e a cerveja, um sucesso entre os cariocas. No verão o consumo diário chega a 15 mil pacotes de 30 gramas.

Sem nenhuma propaganda, nem embalagem atraente, tampouco pode ser encontrado em supermercados. Sua distribuição é feita por vendedores ambulantes, nos sinais de trânsito, engarrafamentos, parques, estádios de futebol, praias ou qualquer outro local de grande concentração de pessoas.

A partir de uma fábrica instalada no centro do Rio de Janeiro equipada com dois fornos elétricos, a empresa Panificação Mandarino, tipicamente familiar, com 20 funcionários, abastece todo o mercado carioca. O faturamento é de cerca de R$ 50 mil por mês.

O biscoito teve origem na década de 1950, em uma padaria na cidade de São Paulo, e depois mudou-se para o Rio de Janeiro. A mudança foi motivada pelas vendas do produto num grande evento religioso, realizado na cidade no ano de 1955.

No verão é muito comum faltar produto, o que está fazendo com que os proprietários estudem a viabilidade de descentralizar a produção, abrindo novos pontos de fabricação em locais onde haja maior desempenho de vendas, além de analisarem a contratação de uma empresa especializada para efetuar a distribuição do produto.

Todos os dias um batalhão de vendedores autônomos adquire pacotes por R$ 0,27 e revende por R$ 1,00. O restante da produção é vendido, sem rótulo, para cerca de 100 padarias no estado, por R$ 6,00 o quilo.

Fonte: Adaptado da revista *Exame* (2002).

Como postulou Christopher (1999), existe a necessidade de definir-se uma estratégia de logística voltada para o mercado que seja determinante na rentabilidade a longo prazo. Por exemplo, as empresas citadas e outras parecem ter enxergado que, se houver uma capacitação interna razoável em logística, será possível a prestação de um serviço ao cliente de qualidade superior, o que definitivamente influenciará de forma positiva a gestão do relacionamento com este cliente, contribuindo para que ele, ao perceber tal serviço como um valor agregado pela empresa, mantenha-se interessado em continuar o relacionamento, o que afetará positivamente tanto as taxas de retenção de clientes quanto a rentabilidade no longo prazo. Tal entendimento pode ser depreendido da figura 3.

Figura 3
ESTRATÉGIA PARA A RENTABILIDADE A LONGO PRAZO PELA CAPACITAÇÃO EM LOGÍSTICA

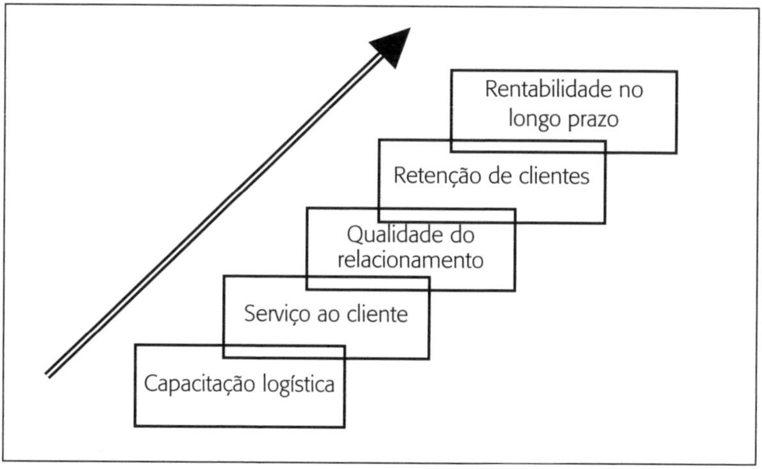

Fonte: Adaptado de Christopher (1999).

Serviço ao cliente pela logística

A logística não tem fronteiras na organização. Suas atividades vão desde a obtenção de matérias-primas e serviços dos fornecedores até a prestação de serviços e fornecimento de produtos aos clientes, passando pela gestão da logística interna em apoio às operações internas.

Nesses complexos e intrincados processos é que o cliente percebe o serviço que lhe é prestado, já que não há valor para o produto até que seja colocado nas mãos do consumidor ou comprador no tempo e no local em que é necessário. O serviço ao cliente é a adição ao produto das qualidades de tempo e local que o fazem útil ao comprador. O serviço deve ser considerado sob três aspectos: serviços de pré-transação, de transação e de pós-transação, como mostra o quadro 3.

Quadro 3

Os serviços de pré-transação compreendem	Os serviços de transação compreendem	Os serviços de pós-transação compreendem
❑ Política escrita de apoio ao consumidor. ❑ Facilidade de acesso ao sistema de apoio ao consumidor. ❑ Estrutura do serviço de apoio. ❑ Flexibilidade do sistema.	❑ Ciclo do pedido — tempo decorrido entre a emissão do pedido pelo consumidor e a entrega do produto ou serviço, compreendendo a confiabilidade e a variação. Pode considerar ainda o faturamento e o pagamento. ❑ Disponibilidade em estoque. ❑ Atendimento do pedido no prazo acordado. ❑ Informações sobre o estado dos pedidos.	❑ Disponibilidade de sobressalentes. ❑ Tempo para atendimento de solicitações de garantia e custo do primeiro atendimento. ❑ Rastreabilidade — capacidade de identificar a localização dos produtos adquiridos. ❑ Atendimento ao consumidor — presteza na consideração das reclamações.

Para obter sucesso em tantos requisitos, cabe aos profissionais de logística a missão de ter estreito relacionamento com todos os diversos setores envolvidos e adequar a empresa para atendê-los do melhor modo possível e com custo aceitável. Alguns dos requisitos implicam gastos muito elevados. O atendimento de 100% dos pedidos, por exemplo, implicaria imediatamente estoques enormes, cujo custo poderia ser considerado inaceitável. Esse é um desafio da logística na nova economia.

As medidas para o atendimento da proporção mais adequada ao negócio específico significam toda a atividade de projeto e administração de estoques. O nível de serviço oferecido não pode ser considerado um parâmetro absoluto, uma vez que o nível de serviço ofertado pela concorrência vai influenciar decisivamente nas vendas. Enquanto o nível de serviço oferecido pela empresa não iguala o dos competidores, o investimento não dá um retorno proporcional, uma vez que não há estímulo para os consumidores adquirirem um produto, ainda que apenas marginalmente inferior ao dos competidores.

Mantidas todas as demais condições constantes, podemos entender que à medida que os serviços ofertados vão sendo incrementados e se igualam aos dos competidores, novos investimentos vão criar uma tendência de migração, ganhando mercado dos competidores. A partir de um certo ponto, o serviço oferecido extrapola os requisitos dos consumidores, de modo que o incremento da qualidade não mais ocasiona aumento nas vendas em volume proporcional.

Entretanto, deve também ser observado que o preço de mercado limitará o valor dos investimentos. A partir de um certo valor, o capital investido em incremento do nível de serviço aumenta a receita das vendas em valor menor. Assim, os investimentos são desaconselháveis. A figura 4 apresenta uma visão dos investimentos e correspondentes receitas geradas.

Figura 4
EVOLUÇÃO TEÓRICA DOS CUSTOS LOGÍSTICOS E DAS RECEITAS COM A MELHORIA DO NÍVEL DE SERVIÇO

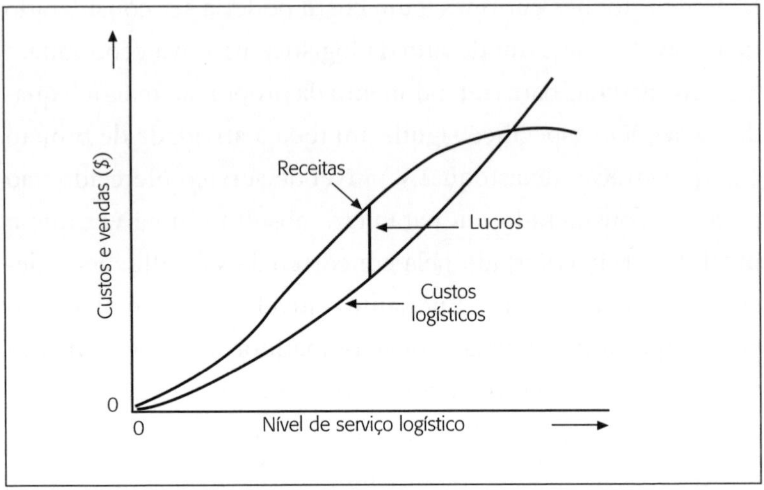

O nível de serviço adequado aos objetivos da empresa seria aquele que gerasse os maiores lucros. Entretanto, a ação dos competidores pode levar à necessidade de investimentos dentro da área de lucros decrescentes. De fato, o que ocorre é uma alteração da curva de vendas com o nível de serviço, que se desloca para a direita à medida que os competidores incrementam seus níveis de serviço. Os consumidores ou clientes procuraram os produtos em função de seu preço e da qualidade do serviço oferecido. A qualidade, cada vez mais, é considerada obrigação do produtor.

As considerações quanto à aquisição dos produtos serão feitas em função de custos (preço) e serviços, em relação à concorrência (figura 5).

Figura 5

DIFERENCIAÇÃO EM MEIO À CONCORRÊNCIA

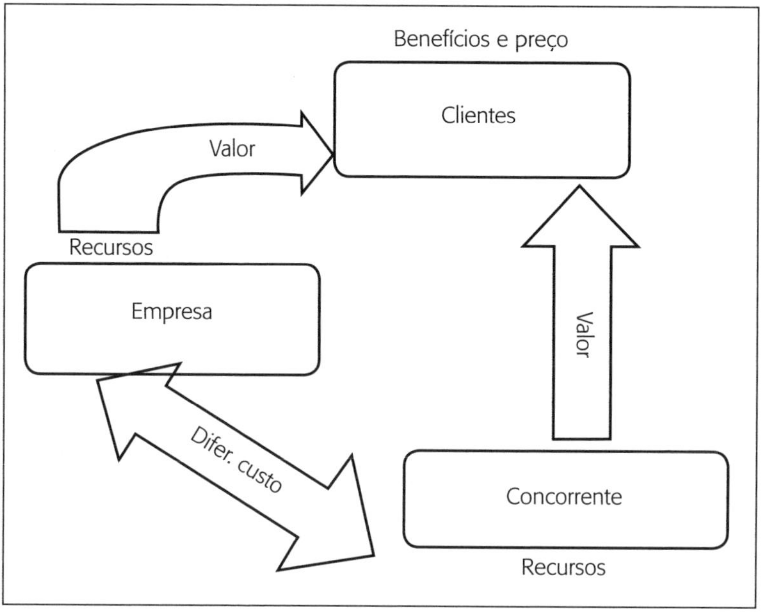

O valor do produto para o comprador será o custo, a menos que ele seja diferenciado por níveis de serviço especiais. Para que seus produtos sejam adquiridos, as empresas devem esforçar-se para atingir uma posição de liderança no mercado, por produtividade (baixos custos) ou por fornecer um nível de serviço sem competidores. Na figura 6, as quatro possibilidades de uma empresa no mercado são apresentadas nos eixos de custo e nível de serviços. Quando uma empresa atinge a posição de líder em custos e serviços, está confortável no mercado, devendo preocupar-se em manter suas condições relativas, o que significa melhorar na mesma velocidade do mercado.

Figura 6

PERFIS DE DIFERENCIAÇÃO E OBTENÇÃO DE VANTAGEM COMPETITIVA

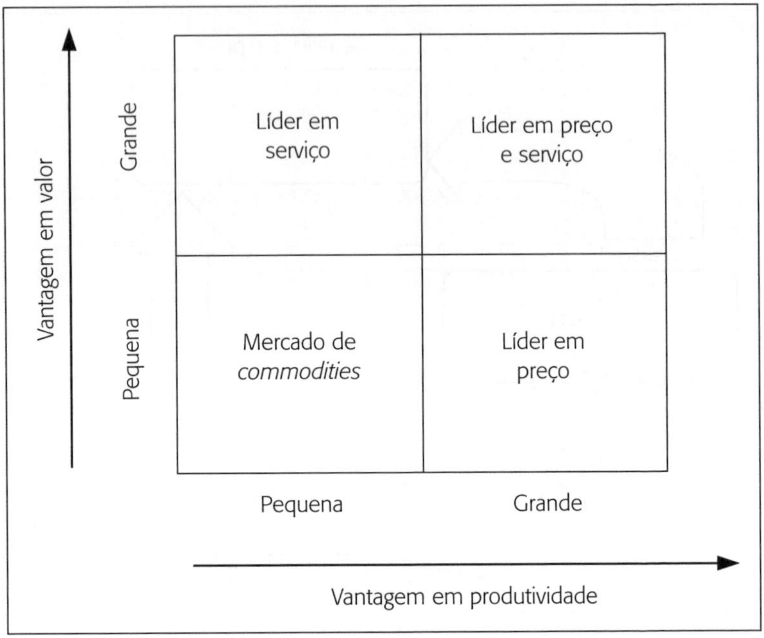

Na situação do mercado de *commodities*, em que não se consegue diferenciar o produto pela marca nem obter vantagem em produtividade, uma empresa deve investir em produtividade para diferenciar-se em preço, ou em estrutura para diferenciar-se em nível de serviço.

Relacionamento marketing versus *logística*

Se ainda havia alguma dúvida sobre a importância do estudo da logística, distribuição e trade marketing para os profissionais de marketing, já deve ter sido dissipada. É preciso lembrar do marketing *mix* ou 4Ps, propagados por Kotler (1994), mas com a agregação de valor da discussão anterior. Isso pode ser conseguido pela análise da figura 7, que apresenta a praça ou ponto de venda como local onde se dá a experiência de consumo por parte do cliente e onde as informações sobre a avaliação do serviço prestado são obtidas.

Figura 7

INTEGRAÇÃO DE CUSTOS E OPERAÇÕES ENTRE MARKETING E LOGÍSTICA

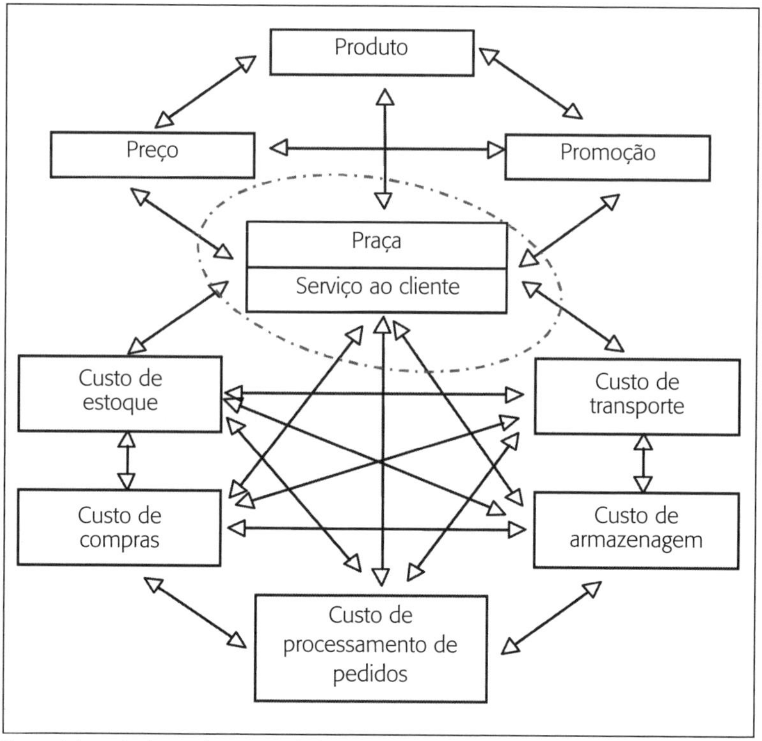

Fonte: Adaptado de Lambert e Stock (1993).

Para Lambert e Stock (1993), os objetivos do marketing e da logística estão interligados e foram postulados da seguinte forma:

- marketing — alocar recursos ao marketing *mix* para maximizar a lucratividade a longo prazo;
- logística — minimizar o custo total de um determinado objetivo de serviço ao cliente.

Tais assertivas, mostradas na figura 7, delimitam a forma como os profissionais de logística costumam pensar em sua missão: atender ao nível de serviço estrategicamente definido pela empresa para cada segmento de clientes e produtos, ao menor custo possível.

Podemos retornar ao ponto inicial e afirmar, mais uma vez, que toda estratégia logística de sucesso precisará colocar os clientes como ponto central, além de incorporar elementos das mais diversas áreas da empresa, como tecnologia da informação, recursos humanos, finanças. Porém, fundamentalmente, precisa estar solidamente ligada ao marketing, já que no mínimo deverá ter cinco passos (Christopher, 1999).

1. Definição da arena competitiva — com quem competimos na mente do cliente? Quem são os melhores no segmento?
2. Entendimento das dimensões do serviço — como os clientes definem o serviço? O que eles realmente querem? É importante não usar algo que se acredite internamente que o cliente queira.
3. Identificação dos principais atributos do serviço — quais os aspectos que levam os clientes a escolher um fornecedor? Como esses atributos são priorizados? Será que prazo é mais importante que disponibilidade para pronta entrega?
4. Segmentação do mercado — os atributos já definidos podem prover uma base para agrupar os clientes em conjuntos (segmentos) semelhantes quanto à preferência pelo serviço. A segmentação é fundamental, pois permite centrar o foco

e economizar recursos logísticos preciosos, satisfazendo aos anseios dos clientes.

5. Avaliação de desempenho — usando os melhores do negócio e os atributos apontados pelos próprios clientes, é possível criar um referencial de excelência significativo para a prestação de um serviço superior, aplicando recursos onde haverá o maior impacto na percepção do cliente.

Evolução histórica

Mas o que levou a tudo isto? Como a logística tornou-se tão importante? O que, efetivamente, foi responsável pela transformação da visão empresarial da logística? Ou ainda, por que a logística saiu dos quartéis e foi otimizada para empresas competindo por clientes nos mercados? Estas são algumas das perguntas que você deve estar se fazendo, e que tentaremos responder.

Segundo Ballou (1993:18), muito antes de interessar aos homens de negócios, de forma organizada, a administração da logística militar já tinha se desenvolvido a tal ponto, que é difundida nos meios militares uma frase atribuída a variados autores, mas que de tão importante é constantemente citada: "Amadores discutem tática e estratégia, profissionais discutem logística". Recentemente, a mesma frase foi citada por James Roche, secretário da Força Aérea dos EUA, ao relatar os aspectos que condicionaram a campanha norte-americana vitoriosa no Iraque, em 2003 (Samuelson, 2003).

Contudo, nem sempre foi assim. Antes das guerras napoleônicas, pouca importância era atribuída à logística. Napoleão não foi, sozinho, um grande visionário que concebeu as operações logísticas como algo único e integrado às demais operações no campo de batalha, mas teve dois importantes fatores a seu favor: a Revolução Industrial e o fato de não ter intenções de poupar seus exércitos do combate, mas, sim, lutar para atingir os seus objetivos.

Napoleão, por ser plebeu, não usava seus exércitos apenas como instrumento de pressão política evitando o combate, como era comum na Europa daquela época. Há diversos registros históricos (cartas entre os governantes europeus) onde é possível identificar que os governantes europeus daquela época eram parentes próximos, tendo todo o interesse em resolver as quizilas por meios diplomáticos, envenenamentos e outros menos custosos e com menores riscos às suas famílias e propriedades e às de seus nobres que, normalmente, eram oficiais nos seus exércitos. Quando todos os demais esforços falhavam e a movimentação para o campo de batalha e eventual confronto das tropas parecia inevitável, a tradição da época levava os generais a procurarem o melhor posicionamento para as tropas, como, por exemplo, arqueiros em lugares altos, infantes em regiões abrigadas etc. Em seguida, o protocolo era enviar mensageiros aos comandantes das tropas opositoras para tentar obter uma rendição sem luta, as chamadas guerras de movimento (EGN, 1997).

O expressivo desenvolvimento da metalurgia e da mecânica ocorrido após a primeira Revolução Industrial introduziu novas armas no campo de batalha. Entre elas o canhão, que conferiu aos exércitos aumento em letalidade. Porém, além de pesado, precisa de munição para ser eficaz. Surgiu a necessidade de uma organização logística superior que ainda tinha como atribuição a alimentação dos cavalos usados para rebocar os canhões e os pesados contêineres de munição. Talvez o uso de canhões nos seus primórdios, tendo toda a problemática logística associada, tenha feito com que os exércitos napoleônicos fossem os primeiros a estruturar uma organização logística sob a responsabilidade de oficiais com a missão específica de organizar (*loger*) os diversos recursos de víveres, munição, pessoal, forragens para os cavalos.

A contínua evolução da logística militar tornou-se imprescindível a partir da II Guerra Mundial quando, por exemplo, Grã-Bretanha e Alemanha se confrontavam em extensos e dispersos teatros de operação, exigindo esforço logístico para apoiar as tropas combatentes em frentes no norte da África, na França ocupada ou ainda na defesa do território da própria Inglaterra. Para tanto, como apontado por Santos (1999), o crucial eram as linhas de comunicação atlânticas que os aliados norte-americanos utilizavam para apoiar logisticamente o esforço bélico inglês. Tais complexidades foram importantes por trazerem grandes avanços nos métodos e modelos utilizados para distribuir os sempre reduzidos recursos às diversas frentes de combate, motivando o nascimento da pesquisa operacional[4] que pouco mais tarde, no pós-guerra, teria seus métodos transpostos para as empresas civis. Assim, métodos como a simulação[5] e a programação matemática[6] passaram a auxiliar a redução de custos operacionais em várias empresas, principalmente nos países desenvolvidos.

Com o amadurecimento dos mercados consumidores em países desenvolvidos e o surgimento dos clientes sensíveis ao serviço e não apenas ao preço, que optam por disponibilidade de produto na prateleira antes de se preocupar com a marca (*commodities*), a logística passou a ser enxergada como arma estratégica na criação de valor, por permitir que produtos antes sem diferenciação pudessem destacar-se pelo serviço logístico.

---

[4] Ciência que visa a aplicação de métodos científicos para analisar, modelar e propor soluções a problemas de gerenciamento usando principalmente métodos quantitativos. A pesquisa operacional fornece ao decisor uma opção ótima entre um conjunto de possíveis alternativas ou uma alocação ótima de recursos limitados, de modo a maximizar um dado critério ou objetivo.

[5] Técnica que, geralmente usando computadores, visa avaliar numericamente um modelo de um sistema real, a fim de estimar as suas características reais e inferir possíveis comportamentos.

[6] Procedimento matemático para determinar alocação ótima de recursos escassos.

Assim, em mercados onde a comodidade é importante, empresas de varejo especializaram-se em entregar produtos diretamente nas casas dos clientes, agregando o valor de lugar por meio de uma logística mais complexa que precisa tratar cada pedido individualmente, em pequenas quantidades (lotes), agregando o valor de arranjo por meio de unidades individuais de fornecimento.

Contudo, é inegável que preço baixo é sempre um atrativo, principalmente na atualidade, quando o poder de fixar o preço final saiu das mãos da indústria e migrou para as poucas cadeias varejistas que concentram o poder de compra de milhões de consumidores. Veja, por exemplo, em 2001: com vendas de US$ 200 bilhões, segundo a revista *Exame*, a cadeia varejista Wal-Mart tornou-se a maior empresa do mundo em faturamento, deixando a fabricante de veículos General Motors e a Exxon, do ramo petrolífero, para trás. Mais uma vez a logística pôde apoiar as empresas nessa estratégia de menor custo operacional, por meio da otimização integrada de suas atividades.

No Brasil, tais métodos e a própria importância da logística só tiveram reconhecimento amplo após a queda abrupta da inflação pós-consolidação do Plano Real. Antes disso, a visão da eficiência operacional era perdida em função do elevado retorno financeiro à disposição das empresas que assim desejassem utilizar seu capital. Da mesma maneira, o estoque valorizava-se, a cada dia, acima dos patamares da inflação para a maioria dos segmentos de mercado. O leitor pode recordar-se dos "fiscais do Sarney"[7] tentando impedir por meio da força bruta a remarcação

---

[7] Cidadãos motivados pelas palavras do então presidente José Sarney, que exortava o povo a não aceitar aumentos de preços, que, segundo ele, sabotavam os planos, ditos heterodoxos, de estabilização financeira.

que acontecia diuturnamente nos supermercados brasileiros até o início da década de 1990.

Apesar de diversos outros fatores, como a explosão no uso da internet, das tecnologias especiais como o Global Positioning System[8] (GPS), de softwares dedicados e métodos de pesquisa operacional como a roteirização, podemos afirmar que a logística só teve espaço entre as empresas de médio e pequeno portes no Brasil após a redução da inflação a patamares normais. Antes disso a logística não se preocupava com o giro rápido dos estoques, mas sim em armazená-los e movimentá-los com segurança. Por isso, a logística era sempre vista como centro de custos e não como arma estratégica capaz de adicionar valor e reduzir custos.

[8] Sistema de determinação de posição de objetos na superfície terrestre baseado no emprego de satélites artificiais. Diversos serviços são prestados a contratantes por empresas que recebem, por canais privativos de satélite, informações sobre segurança, posição de veículos e dados gerais, como velocidade, distância percorrida e quantidade de combustível, apresentando-as em tempo real aos usuários. As informações desse sistema podem ser armazenadas em base de dados para a geração de medidas de eficácia e informações gerenciais e de apoio à decisão.

2

Logística

A logística cresceu de importância na gestão dos negócios, adquirindo um caráter estratégico para as organizações em função das mudanças ocorridas nos últimos anos, principalmente no Brasil, com a introdução de uma nova ordem mercadológica, na qual as características técnicas dos produtos perdem sua capacidade de atração total sobre o consumidor final. Em outras palavras, estamos diante de uma nova postura no processo decisório de aquisição, em que os produtos são *commodities* e o consumidor está menos suscetível aos apelos da marca. Ele passa a dar maior importância ao conjunto de atributos oferecidos junto com o produto, que o ajustam às suas necessidades específicas. Fatores como disponibilidade, suporte técnico pós-venda e prazo de entrega passam a ser, em muitos mercados, mais importantes que o próprio produto.

O objetivo deste capítulo é caracterizar os processos logísticos, destacando suas principais características e utilização como ferramenta de geração de valor para as empresas.

Abrangência da logística

Como vimos no capítulo anterior, o entendimento e a definição do termo *logística* podem variar de acordo com o mercado analisado. Contudo, o que se observa é uma forte tendência à adoção das características definidas pelo Council of Logistics Management (CLM), segundo o qual a logística deve ser tratada como um processo que se inicia na aquisição de matéria-prima e termina na entrega do produto ao consumidor final, de acordo com os requisitos deste.

A logística pode ter impacto sobre inúmeras atividades, influindo tanto no nosso padrão de vida quanto nos negócios de uma empresa. Várias situações de nossa vida são afetadas, direta ou indiretamente, pelo processo logístico. Vejamos alguns exemplos:

- ao ler o jornal de domingo, você seleciona uma oferta; na segunda-feira, ao dirigir-se a uma das lojas do anunciante, não encontra o produto na prateleira;
- você faz uma compra e, dias depois, ao receber a mercadoria, percebe que não é o produto que você comprou;
- você envia algo para uma pessoa e a mercadoria chega avariada;
- seu fornecedor promete entregar a matéria-prima no início da semana e, na sexta-feira, você ainda está telefonando para saber do seu material.

Com certeza, a maioria das pessoas não se dá conta de como fatos dessa natureza podem comprometer o desempenho de uma economia ou de uma empresa. Muito provavelmente, o consumidor que não encontre a mercadoria na loja vá procurar adquiri-la em outro lugar.

Em uma economia cada vez mais dependente de resultados operacionais, na qual frequentemente as empresas lutam para manter sua participação no mercado e em que aumentos percentuais são muito pequenos, o sucesso das operações passou a ser vital. É nesse cenário que a logística surge como a ferramenta de maior impacto na melhoria dos resultados operacionais, pois é nesta área, principalmente em países como o Brasil, que as empresas podem obter grandes reduções de custo e melhoria de performance.

Estudos recentes têm procurado demonstrar a grande utilidade da logística no relacionamento com o cliente, passando a entendê-la como uma ferramenta poderosa de marketing, que busca aproximar toda a empresa do cliente.

Os processos logísticos

A logística empresarial moderna está baseada na gestão eficaz e eficiente das informações referentes aos dois pontos básicos da cadeia de negócios — demanda e oferta —, de forma que a empresa possa atender às necessidades do mercado em que atua, a um custo adequado, garantindo, assim, a rentabilidade dos produtos ofertados.

Os processos logísticos devem estar sempre dimensionados para permitir que a corporação possa criar valor para o cliente e construir um relacionamento duradouro, visto que o cliente está cada vez mais sensível ao serviço agregado ao produto.

Segundo Martin Christopher (1999),

> essa tendência direcionada ao cliente sensível ao serviço é visível nos mercados empresa-empresa e nos de bens de consumo. Em consequência, empresas que atendem o setor automobilístico, por exemplo, devem ser capazes de efetuar entregas *just-in-time* (JIT), direto para a linha de montagem, enquanto aquelas que fornecem a uma grande rede de supermercado devem ter capa-

cidade logística para manter as prateleiras do ponto de venda abastecidas, com um mínimo de estoque no sistema.

Nesse contexto, podemos destacar as seguintes atividades do processo logístico, capazes de conferir essa capacidade de diferenciação do produto aos "olhos" do cliente, conferindo-lhe vantagem em valor e em produtividade (vide figura 6):

- produção;
- gestão de estoques;
- armazenagem;
- distribuição física e transferência (transporte).

Cada uma dessas atividades será discriminada a seguir.

Produção

Até o início do século XIX, a organização da produção era baseada no modelo artesanal, no qual o volume de produção era o estritamente necessário às necessidades de uma demanda plenamente conhecida, normalmente para atendimento de pequenas comunidades.

No período pós-Revolução Industrial, houve uma reorientação do modelo de produção, passando a ser utilizado o conceito denominado *produção empurrada*, no qual as empresas produzem segundo uma previsão baseada em dados históricos de venda e disponibilizam seus produtos ao mercado através de seus canais de distribuição (ver capítulo 4). Ou seja, a empresa produz baseada no perfil de consumo apresentado até o momento ou supondo ser possível, por meio de ações promocionais, conquistar novos clientes para seus produtos. A adoção do sistema de produção empurrada teve papel preponderante nos primórdios da industrialização, principalmente por permitir o atendimento de demandas reprimidas, oriundas do processo de crescimento da população e do surgimento das grandes cidades. Contudo, uma característica deste modelo é a criação de estoques ao longo do processo, tanto de matéria-prima quanto de produtos acabados, o que aumenta o custo dos produtos e diminui, muitas vezes, a capacidade de atender às expectativas do consumidor final quanto ao preço.

A produção tem um grande peso na estrutura de custos de um produto, sendo, segundo alguns autores, responsável por cerca de 30% destes. Portanto, é muito importante que a empresa tenha um cuidado especial com essa atividade.

Para diminuir os custos e atender às necessidades dos clientes quanto à customização de produtos, algumas organizações passaram a buscar um modelo de produção adequado ao novo quadro econômico: o denominado modelo de *produção puxada*, em que a forma tradicional do fluxo decisório na concepção de um produto (produtor-consumidor final) passa a ser comandada pelos *inputs* oriundos do ponto de venda (consumidor final-produtor). Este modelo visa, principalmente, diminuir os estoques no processo de produção. Entre as técnicas utilizadas na produção puxada, destaca-se o *just-in-time* (JIT).

O *just-in-time* (JIT) foi desenvolvido pela Toyota, no Japão, com o objetivo de obter melhoria no seu processo produtivo por meio da eliminação de atividades repetitivas, buscando diminuir os custos de produção.

Ao contrário do que muitos pensam, o JIT não preconiza que seja necessário trabalhar com estoque zero, mas sim que a busca de níveis cada vez mais baixos de estoque levará a empresa a encontrar o nível de estoque adequado na cadeia de abastecimento, dentro de uma visão sistêmica.

Na abordagem JIT procura-se abolir os estoques intermediários, fazendo com que os materiais somente sejam movimentados quando haja necessidade. Na realidade, o JIT é uma filosofia de produção que visa eliminar desperdícios e obter o envolvimento e aprimoramento contínuo de todos os funcionários. Entre as várias ações associadas ao JIT destacam-se:

- a produção em condomínio, na qual fornecedores e empresa principal reúnem-se fisicamente em um mesmo local, facilitando, desta forma, a movimentação dos produtos e postergando ao máximo a chegada da matéria-prima na linha de produção;
- o adiamento da finalização da produção, na qual alguns detalhes ou, em certos casos, a montagem final dos produtos é realizada o mais próximo possível da venda ou de sua aplicação.

Como exemplo de aplicação da filosofia JIT, podemos citar a fábrica de caminhões e chassis de ônibus da VW, que é uma experiência pioneira na utilização de um sistema modular puro (figura 8). A planta situada em Resende, no estado do Rio de Janeiro, é resultado de um investimento conjunto da montadora e de sete fornecedores para a produção de 30 mil caminhões e chassis por ano. A linha de montagem final está localizada no centro da planta. Existem três pontos de fornecimento de materiais, localizados nas extremidades da linha de montagem. No primeiro chegam os conjuntos montados por dois modulistas, os quais são responsáveis pelo fornecimento do conjunto de suspensão, rodas e pneus. No segundo é fornecido o chassi e no terceiro os conjuntos oriundos dos módulos de motor, cabine, pintura e tapeçaria. O sistema foi concebido para realizar a produção em um ciclo menor e com custos inferiores aos do tradicional modelo de montagem vigente no setor.

Figura 8

ESQUEMAS DE PRODUÇÃO EM CONDOMÍNIO

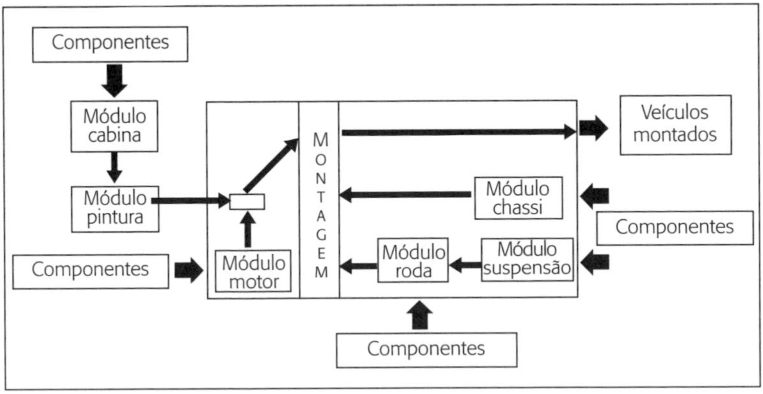

A operação de manufatura da Benetton é um exemplo de utilização do processo de postergação da produção. A empresa não produz suas peças em várias cores ao mesmo tempo. Contrariamente ao que faz a maioria dos fabricantes de roupa, ela fabrica as peças com o fio simples (um pulôver, por exemplo) e vai tingindo-as à medida que obtém informações mais certas sobre a demanda pelo produto. Existem várias vantagens neste processo: a primeira reside no fato de somente uma cor ser estocada na maior parte do tempo, diminuindo consideravelmente o nível de estoque e os controles necessários; a segunda consiste na flexibilidade do fornecimento, visto que o produto pode ser finalizado (tingido) a qualquer momento, atendendo à demanda pela cor (Christopher, 1999).

Gestão de estoques

A gestão de estoques é uma das atividades mais importantes para qualquer negócio, pois o estoque tem uma característica ambígua, uma vez que sua existência, se por um lado tranquiliza a empresa quanto às flutuações da demanda e à manutenção do nível de serviço, por outro é fonte de constante atrito em função do capital investido.

As mudanças ocorridas na economia brasileira nos últimos anos, principalmente a estabilização monetária conseguida no início dos anos 1990, incluíram o país em uma discussão que já existia mundialmente, em função do aumento da globalização dos mercados e da necessidade de as empresas desenvolverem estratégias operacionais globais, principalmente no que se refere à gestão de estoques.

No período de altas taxas de inflação, a manutenção de estoques era pouco discutida pelas empresas com atuação no Brasil, pois os ganhos financeiros quase sempre compensavam os custos de manutenção de altos níveis de estoque. Com a estabilização, a chamada *conta-estoque* passou a ser alvo de críticas e análises por toda a corporação, pois os gestores precisam aumentar seus indicadores econômicos, principalmente o valor econômico adicionado (EVA), que é diretamente afetado pelo custo de oportunidade de capital, oriundo da manutenção de produtos em estoque. As altas taxas de juros praticadas no Brasil oneram significativamente o estoque.

Várias questões surgem nesse contexto, como a necessidade de atendimento a clientes mais exigentes, ciclos de vida de produtos cada vez menores e a forma de produzir em escala, mas com uma forte dose de customização. Especificamente, as questões a seguir devem ser respondidas.

- Os produtos permitem algum tipo de postergação em seu processo produtivo? Em que nível (configuração final, montagem etc.)?

- Como devemos medir a demanda: localmente, quando temos operações globais ou regionais, ou de forma agregada (centralizada)?
- Em que ponto da cadeia o estoque deve ser mantido?

A primeira questão diz respeito a por quanto tempo podemos adiar o processo de manufatura ou de montagem (embalagem, por exemplo) de um produto, até que a demanda por ele seja realmente conhecida. Como vimos no item anterior, empresas como a Benetton utilizam esse procedimento com a finalidade de diminuir os níveis de estoque. O problema está em definir o ponto até onde este adiamento é economicamente viável, pois fatores como produção, transporte e necessidades específicas de armazenagem podem inviabilizar a postergação.

A segunda questão trata da previsão da demanda, e este é um dos assuntos mais complexos no processo de gestão de estoques, pois são poucos os mercados em que a demanda é previsível com alto grau de assertividade. Quanto mais próxima do ponto de consumo, melhor é a previsão. Por esse motivo, cresce a busca por informação nos pontos de venda, por meio da automatização, de pesquisas com os consumidores ou ainda de estudos sobre as condições socioeconômicas das regiões. Fato é que o método de previsão baseado em séries históricas de consumo já não é mais suficiente para atender a um mundo em que o tempo de resposta às mudanças ocorridas nos mercados é cada vez menor.

A terceira questão diz respeito à localização do estoque. O ponto principal em discussão é a centralização *versus* a descentralização do estoque, principalmente no tocante a produtos acabados, como mostra a figura 9 (Christopher, 1999).

Figura 9

Localização de estoques em uma rede logística

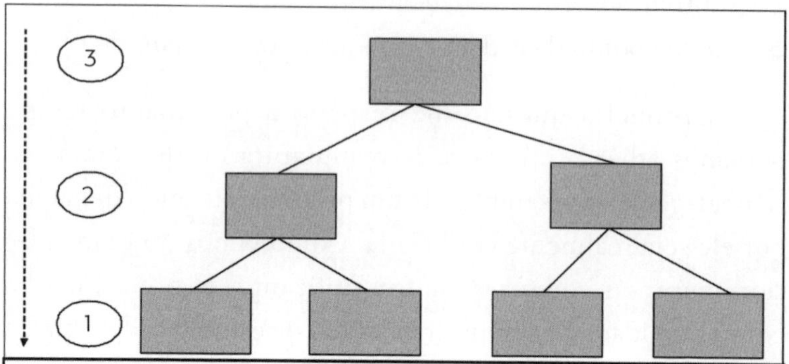

1 – Estoques mantidos localmente, para atendimento a demandas específicas e respostas rápidas.
2 – Estoques intermediários, com velocidade de resposta média e atendimento a demandas de pouca previsibilidade.
3 – Estoque centralizado, que exige maior frequência de entrega.

A definição do posicionamento do estoque é influenciada diretamente por quatro variáveis: tempo de resposta, giro do produto, valor agregado e exigência de disponibilidade pelos mercados.

Quanto menor o tempo de atendimento a um pedido (tempo decorrido entre a colocação do pedido e a entrega do produto), maior será a possibilidade de manter os estoques centralizados, evitando, assim, a geração de custos com armazenagem e estoques de segurança.

Materiais que apresentam alto giro são característicos de descentralização, devido ao baixo risco de obsolescência e perecibilidade, bem como à possibilidade de maiores flutuações na demanda.

A disponibilidade do material está diretamente ligada ao nível de serviço exigido pelo mercado atendido pela empresa. Quanto maior, maior a tendência à descentralização, posicionando o estoque o mais próximo possível do consumidor final.

Produtos de alto valor agregado possuem tendência à centralização do estoque, pois representam elevado custo de oportunidade de manutenção do estoque e risco de obsolescência.

A análise do impacto dessas quatro variáveis na busca de uma solução ótima para o problema do posicionamento do estoque pode ter um elevado grau de complexidade, principalmente quando se trabalha com diversos tipos de produtos, requerendo a utilização de modelos matemáticos que suportem o processo decisório.

Armazenagem

O termo *armazenagem* será utilizado como referência ao processo de guarda e movimentação de produtos em uma instalação, enquanto o termo *estocagem* representará a colocação de um produto em um local dessa instalação.

As instalações de armazenagem desempenham papel primordial no processo logístico de uma empresa. Seu planejamento e formatação terão impacto importante no desempenho da distribuição dos produtos. Por esse motivo, a armazenagem requer um gerenciamento moderno, com a adoção de processos e sistemas aplicados à movimentação e estocagem, mudando a visão tradicional de que uma instalação de armazenagem seja um local destinado à guarda de produtos.

Uma questão básica para o bom desempenho de um sistema logístico é o dimensionamento e a estruturação da rede de distribuição, capaz de atender à demanda gerada pelos mercados geograficamente distantes das fontes do produto, bem como aos níveis de serviço exigidos pelos consumidores.

Uma instalação de armazenagem pode desempenhar vários papéis dentro da estrutura de distribuição adotada por uma empresa (por exemplo, a recepção e consolidação de produtos de vários fornecedores, para posterior distribuição a diversas lojas de uma rede; ou a recepção de produtos de uma fábrica e a distribuição para diversos clientes), conforme destacado na figura 10.

Figura 10

PAPÉIS DE UMA INSTALAÇÃO DE ARMAZENAGEM

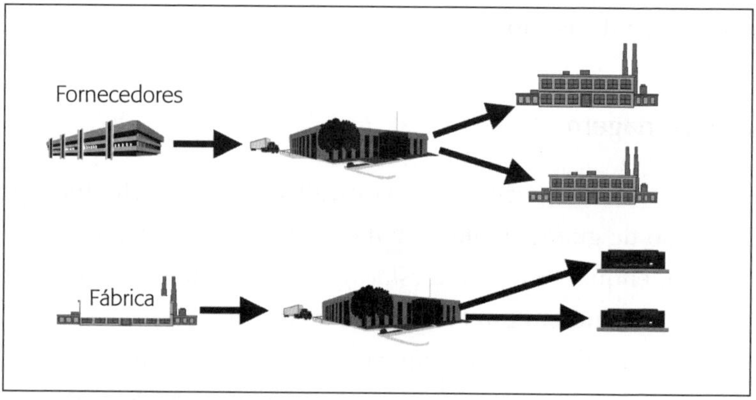

Operações em instalações de armazenagem

A armazenagem compreende quatro atividades básicas: recebimento, estocagem, administração de pedidos e expedição. As duas primeiras integram o processo de entrada de um produto na instalação de armazenagem, enquanto as outras duas compõem o processo de saída dos produtos. Os locais de armazenagem podem ser também denominados centros de distribuição ou, simplesmente, CDs (Novaes, 2001).

O recebimento é o primeiro estágio do processo de armazenagem. Significa o aceite físico dos materiais, após a checagem das condições físicas do produto e dos dados da nota fiscal. Nesta fase são realizadas as seguintes tarefas: conferência fiscal, interfaces com ordem de serviço, encaminhamento para o local de estocagem, janelas de atendimento, realização de *cross-docking* e unitização de cargas.

A estocagem do produto é o direcionamento do produto para o seu ponto de guarda, o qual pode ser controlado por um software do tipo WMS (gerenciamento de depósitos, vide capítulo 3) ou de forma manual.

A administração de pedidos é o processo que inicia a saída de um produto e divide-se em processamento e separação. As principais tarefas realizadas em cada uma das fases são:

- processamento de pedidos — recebimento do pedido, emissão de lista de separação e criação de circuito lógico para separação de pedidos;
- separação de pedidos — recebimento da lista de separação, emissão de etiquetas de identificação e movimentação para a área de consolidação ou expedição.

Na etapa de expedição ocorrem o embarque e a movimentação do produto. Nesta fase são executadas as seguintes atividades: conferência entre pedido e separação, emissão de documentação, programação de entrega (rotas) e controle de embarque de mercadorias.

Planejamento e layout da instalação

Uma instalação de armazenagem é normalmente vista como um local de guarda de diversos produtos. Contudo, acontecem nesses locais várias outras atividades que, dependendo do objetivo da instalação, podem até ter maior importância do que a própria estocagem de materiais.

A necessidade de espaço e o arranjo físico são fatores determinantes para a adequada performance da instalação de armazenagem.

O planejamento dessas instalações deve ter como objetivos:

- garantir que as operações ocorram de forma eficaz;
- minimizar os custos operacionais;
- manter o nível de serviço da operação;
- ter flexibilidade para absorver variações no processo operacional.

O ponto inicial é a classificação dos produtos que passarão pela instalação e, a partir daí, o desenvolvimento de estudos específicos para cada uma das etapas do processo, conforme se vê na figura 11.

Figura 11

INSTALAÇÃO DE ARMAZENAGEM: PRINCIPAIS ÁREAS

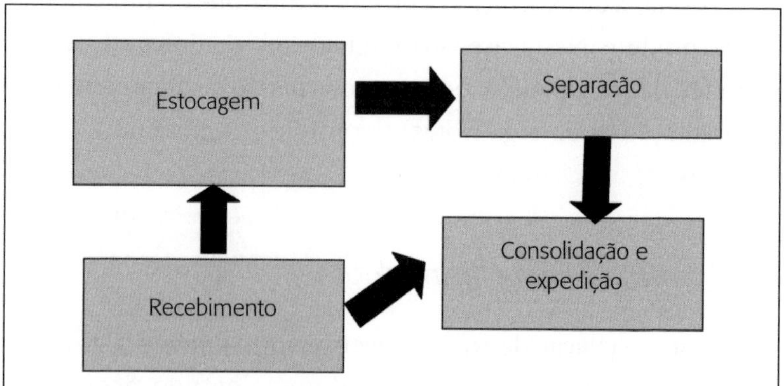

Tecnologia de armazenagem

Convencionalmente, a operação de armazenagem é analisada por dois ângulos: a estocagem (guarda) e a movimentação na instalação de armazenagem. Essas duas variáveis são as principais responsáveis pela definição da necessidade e do grau de mecanização aplicado na operação.

Sistemas de estocagem

Os sistemas de estocagem são o reflexo direto das características do produto e da forma utilizada para sua distribuição. Por exemplo, um produto granel líquido, como combustíveis, de maneira geral é estocado em tanques.

Já a forma de distribuição está ligada ao nível de decomposição que o produto sofrerá para entrega ao próximo elo da cadeia. Imagine que um CD recebe lâmpadas de uso doméstico. Normalmente, este tipo de produto é enviado em caixas contendo diversas unidades, as quais são arrumadas em camadas sobre um palete (estrado de madeira ou de plástico, dotado de abertura para acesso do garfo de equipamentos de movimentação, sobre o qual se arruma a carga). Entretanto, pode ser que o fornecimento não seja efetuado da mesma forma como a carga foi recebida, ocasionando a necessidade de decomposição, que poderá chegar a unidades bem menores.

Poderemos, então, utilizar diversas formas para estocagem do material, tais como blocados, prateleiras, estruturas porta-paletes e sistemas automatizados de estocagem e separação.

As formas de estocagem de materiais mais utilizadas são o empilhamento sobre o piso e em prateleiras. Embora seja a opção mais barata, o empilhamento sobre o piso vem caindo em desuso, pois oferece riscos aos produtos e diminui a flexibilidade da operação. Sua aplicabilidade cresce para produtos em grandes volumes, embalagens resistentes ao empilhamento (bobinas de cabo, por exemplo) e que não exijam critérios como Fifo (*first in first out*, o primeiro a entrar é o primeiro a sair).

O uso de prateleiras é mais adequado para a estocagem de produtos fracionados, de baixo giro e pequeno volume.

A estrutura denominada porta-paletes consiste em construções de metal verticais simples e interligadas, com profundidade simples ou dupla (uma ou duas posições de paletes). As de duas posições aumentam a densidade de estoque, exigindo menor número de corredores, diminuindo, porém, a velocidade de operação e introduzindo restrições operacionais, como o uso de veículos especiais.

Existem porta-paletes dinâmicas (figura 12), que permitem a movimentação da carga pela estrutura (por meio de roletes ou esteiras) ou a movimentação da própria estrutura, montada sobre trilhos, diminuindo, assim, a necessidade de corredores de circulação e, consequentemente, aumentando a área útil de estocagem.

Figura 12

ESTRUTURA PORTA-PALETES

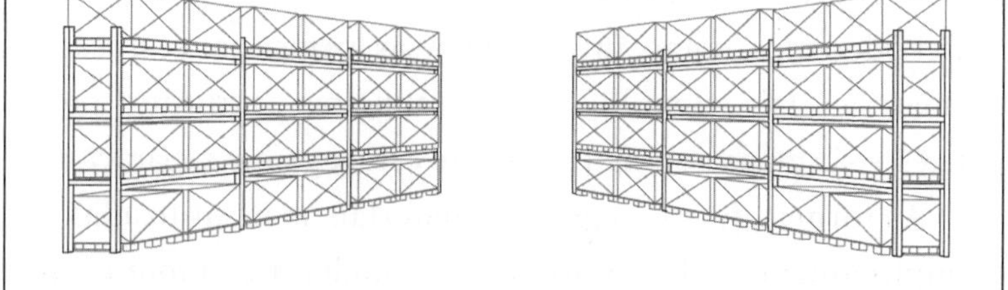

Os porta-paletes denominados *push-bac* operam com conceito de túnel dinâmico com inclinação positiva, nos quais os paletes são acondicionados em rampas, de forma que, quando um é retirado, o posterior posiciona-se automaticamente na face da estrutura. Aceitam até cinco posições de profundidade, em virtude da capacidade dos veículos de empurrar os paletes, possuem alta velocidade operacional e trabalham sempre com a estratégia de Lifo (*last in first out*, o último a entrar é o primeiro a sair).

Quando a necessidade de espaço para estocagem ou de velocidade na operação é grande, a utilização de um sistema automatizado de estocagem e separação de produtos torna-se a alternativa mais adequada. Estes sistemas são constituídos de estruturas porta-paletes de grande altura (18 a 20 m), instaladas em grande número. A movimentação dos produtos é realizada por meio de veículos controlados por computador que circulam sobre trilhos por corredores muito estreitos, os denominados transelevadores.

Sistemas de movimentação

O modo mecanizado mais antigo e econômico de movimentar materiais em uma instalação de armazenagem é por meio da paleteira, um equipamento apropriado à movimentação horizontal de mercadorias acondicionadas em uma estrutura cuja base seja semelhante a um palete.

Dos equipamentos mecânicos utilizados na movimentação de materiais, cabe destaque à empilhadeira (figura 13), que permite deslocar cargas tanto horizontal quanto verticalmente. Além da vantagem de manuseio, propicia um elevado grau de segurança (redução de quebras, avarias e extravio).

Figura 13

Empilhadeira lateral

Quando a movimentação é feita com muita velocidade, em volumes fracionados (caixas completas, por exemplo) ou em grande número de paletes inteiros, o uso de esteiras rolantes facilita muito a operação, pois permite a interligação de toda a instalação de armazenagem. As esteiras podem movimentar mercadorias entre dois ou diversos pontos, como estações de separação de material, ser interligadas por balanças que direcionam as caixas conforme o peso.

Como vimos em "Tecnologia de armazenagem", quando existe a necessidade de movimentar cargas em vários níveis e com boa velocidade, torna-se necessário utilizar sistemas automatizados que, além de oferecer maior densidade de estocagem, permitem maior precisão nas operações. Funcionam exatamente como elevadores, somando-se a funcionalidade de colocação do produto no ponto de estocagem. Entretanto, o investimento só é justificado para empresas que precisem de um grande número de posições de palete, devendo sua adoção sempre ser precedida de um estudo de simulação.

A crescente necessidade de melhoria de desempenho dos processos empresariais levou as empresas a buscarem cada vez mais a automação de suas atividades, principalmente durante a fase de coleta de dados, tendo em vista ser esta talvez a mais delicada etapa dos processos. A maior disponibilidade de tecnologia da informação (TI), ocorrida nos últimos anos, impulsionou a execução de projetos de automação de depósitos, com os objetivos de reduzir custos e melhorar o serviço.

A tecnologia da informação, assunto do capítulo 3, é hoje a grande ferramenta de gestão de uma unidade de armazenagem, pois pode introduzir melhorias em todas as etapas do processo.

Localização de unidades de armazenagem

A localização de instalações de armazenagem (figura 11) é um dos grandes desafios da logística, pois um erro cometido na determinação do local pode acarretar custos muito grandes para a operação, bem como diminuir a capacidade de reação da empresa às necessidades do mercado consumidor de seus produtos.

O chamado paradigma da presença local disseminou a crença de que as empresas deveriam pulverizar os estoques, objetivando garantir a presença dos produtos próximo ao mercado consumidor. Já a teoria de centralização observa que a redução dos custos obtidos com a diminuição do número de instalações compensaria uma eventual falta ao consumidor final.

De forma geral, as principais variáveis para a decisão sobre a localização de unidades de armazenagem são: forças competitivas, desagregação da demanda entre diversas instalações, efeitos na consolidação dos estoques, custos fixos de operação e custos de transporte. A definição normalmente é influenciada por um fator mais crítico que os demais.

Os principais atributos para a concepção de um armazém são a localização, o número de itens para o armazenamento, o tamanho das unidades, o *layout* e os sistemas internos (Rosenbloom, 2002). Já as principais informações para o estudo de localização de unidades de armazenagem são o número adequado de armazéns, o tamanho, a alocação de espaço para cada produto e a alocação de produtos/clientes (Fleury, Wanke e Figueiredo, 2000). Para Rosenbloom (2002), pode-se acrescer ainda a distância entre origem e destino dos produtos, o custo e a complexidade dos produtos a serem movimentados e, principalmente, a localização do mercado consumidor. Outro fator, entre os muitos que ainda podem ser levantados, é a complexidade de distribuição devido ao número final de pontos de venda (PDVs) atendidos. Quanto maior o número de PDVs, maior a complexidade.

O objetivo deve ser o desenho ou a configuração da rede logística de modo a minimizar os custos totais, para um período de tempo e um determinado nível de serviço.

Definitivamente este não é um problema de baixa complexidade, pois envolve um grande número de variáveis de mútua influência (o comportamento de uma tem impacto na outra), gerando *trade-offs* (trocas compensatórias) e uma infinidade de soluções, mesmo quando se trata de casos em que o número de unidades envolvidas seja pequeno.

Os *trade-offs* entre custos e nível de serviço relativos a um aumento no número de armazéns geralmente referem-se à melhoria nos níveis de serviço em função de reduções no tempo de entrega ao cliente final, à elevação nos custos de manutenção de estoques em função de aumentos nos níveis de estoque de segurança necessários para proteger cada armazém contra incertezas na demanda, ao aumento nos custos administrativos, à redução nos gastos com transporte de distribuição e ao aumento nos custos com transporte de suprimento.

Distribuição física e transferência

A movimentação de produtos cria para a sociedade o valor de lugar, pois permite que os produtores coloquem o produto exatamente onde os consumidores desejam. Se um produto não estiver disponível na data exata em que se precisar dele, isso poderá gerar perda de vendas, insatisfação do cliente ou parada da produção.

A velocidade com que a movimentação acontece é vital para a economia moderna, na qual as empresas procuram trabalhar com o menor estoque possível, seja de matéria-prima, seja de produtos acabados.

O transporte tem um peso emorme no custo de distribuição ou logístico da maioria dos produtos, e é muito importante para os resultados obtidos no serviço ao cliente. Seu desempenho pode ter impacto no resultado final de uma operação, influindo na percepção que o comprador tem da qualidade do serviço. Muitas vezes, o agente responsável pelo transporte é o único elo real entre o vendedor e o comprador, como é o caso do comércio eletrônico.

Há ainda que ser destacado o papel do transporte na integração das diversas etapas da função logística e na geração de redes logísticas suficientemente flexíveis e velozes para atender às demandas do mercado consumidor.

Modalidades de transporte

Há cinco modalidades de transporte: rodoviário, ferroviário, aéreo, aquaviário e dutoviário.

Modal rodoviário

Principal modal utilizado no mundo, no Brasil movimenta 60,34% do total das cargas em todo o território nacional

(Brasil, 2001). Praticamente todos os produtos manufaturados utilizam o transporte rodoviário. Tal predominância na matriz de transportes brasileira é oriunda da deficiência nos demais modais, que só recentemente estão passando por profundo processo de reestruturação, objetivando torná-los eficientes e competitivos.

Geralmente, o transporte rodoviário compete com o aéreo nas pequenas cargas e com o ferroviário nas grandes. Para distâncias de até 300 km o transporte rodoviário compete com o aéreo e, para cargas de até 25 toneladas, com o ferroviário.

Tecnicamente, o transporte rodoviário é o indicado para as operações de coleta e entrega de mercadorias, as denominadas pontas do serviço de transporte de carga.

A maior parte do transporte rodoviário é realizada por motoristas autônomos.

Modal ferroviário

A ferrovia deveria ser o grande modal de transporte brasileiro. Contudo, isto nunca aconteceu, e durante vários anos ficou restrito ao transporte de minério e combustíveis. O processo de sucateamento e abandono pelo qual passou impediu qualquer utilização racional desse modal, que quase desapareceu da matriz de transporte brasileira.

Modal indicado ao transporte em grandes distâncias, tendo em vista seu menor custo, o transporte ferroviário é uma das opções para a melhoria da performance de vários produtos brasileiros no mercado externo, muitas vezes prejudicados pelos custos de transporte e manuseio, e não pelos de produção.

Um dos pontos de gargalo do transporte ferroviário é o carregamento/descarregamento.

No Brasil, com a privatização do sistema na última década, teve início o processo de recuperação do modal, incluindo uma nova estratégia de atração de cargas, inclusive de setores que não os tradicionalmente servidos pela ferrovia.

Modal aéreo

A grande característica do transporte aéreo é a velocidade, oferecendo tempo em trânsito mais rápido que qualquer outro modal. Para a maioria das empresas aéreas o tráfego de cargas era consequência do de passageiros e isso por muito tempo inibiu o crescimento do segmento de cargas neste modal. Com a criação de áreas específicas para cargas, as empresas aéreas demonstram a intenção de disputar esse mercado com os outros modais.

Modal aquaviário

O transporte aquaviário ou hidroviário pode ser dividido em marítimo, fluvial e lacustre, este último bastante incipiente no Brasil.

O marítimo possui duas características básicas, ligadas à forma como é executada a operação: o denominado transporte de longo curso e a cabotagem (termo que define o transporte na costa de um país ou de países fronteiriços, normalmente com várias escalas).

O transporte fluvial utiliza os rios, sendo especialmente indicado para a movimentação de produtos volumosos, pesados, de baixo valor unitário, que possam ser carregados e descarregados com eficiência por meios mecânicos. No Brasil é utilizado para a movimentação de produtos agrícolas e combustíveis, principalmente na região Norte.

O uso desse modal, juntamente com a ferrovia, poderá proporcionar ao Brasil uma vantagem competitiva no comércio internacional, pois possui baixo custo e grande capacidade de carga.

Modal dutoviário

As dutovias transportam produtos específicos, tais como petróleo e seus derivados, gás natural, minério, água, grãos, entre outros. Considerando-se a dependência do mundo nos produtos para energia, as dutovias passarão a ter um papel importante na matriz de transportes.

Intermodalidade e multimodalidade

A otimização das operações de transporte inclui a utilização conjunta de vários tipos de modais, de forma a obter o máximo de cada um deles. A intermodalidade, ou a utilização integrada de dois ou mais modais, vem crescendo muito nos últimos anos no Brasil, em função da melhora experimentada pelos demais modais, que passaram a oferecer aos embarcadores opções rentáveis para melhoria da performance das operações de transporte de materiais.

A literatura existente é confusa na apresentação do conceito de intermodalidade e multimodalidade. No Brasil, o Ministério dos Transportes optou por utilizar o conceito adotado na Europa, conforme destacado por Fleury, Wanke e Figueiredo (2000):

> *intermodalidade* — utilização conjunta de mais de um modal, no qual são utilizados documentos fiscais individuais para cada tipo de modal;
> *multimodalidade* — integração total da cadeia de transporte, de modo a permitir um gerenciamento integrado dos modais utilizados, bem como das operações de transferência, com a aplicação de um único documento.

A Lei nº 9.611, de 19 de fevereiro de 1998, regulamentou a figura do operador de transporte multimodal (OTM), que pode realizar operações porta a porta (da origem ao destino) regidas por um único contrato, desde que o OTM possua os ativos necessários à execução do transporte.

O problema, segundo a visão de algumas secretarias de Fazenda estaduais, está no fato de que a criação de um único conhecimento de transporte multimodal acarreta perdas de impostos.

Uma das maiores dificuldades apresentadas na utilização da intermodalidade está na operação de transbordo da carga, quando da passagem de um modal para outro. No caso do transporte rodoferroviário no Brasil, este problema foi eliminado com a introdução de uma tecnologia já utilizada nos Estados Unidos e Europa e que aqui ficou conhecida como rodotrilho. Esse sistema permite que carretas rodoviárias trafeguem tanto na rodovia quanto na ferrovia. As carretas são equipadas com suspensão pneumática e com um ponto de engate que permite o acoplamento entre as unidades.

A redescoberta de modais quase totalmente esquecidos, tais como o ferroviário e o marítimo de cabotagem, tem feito com que diversas empresas no Brasil busquem operações conjuntas.

Custos logísticos

O controle dos custos logísticos, mais que uma necessidade contábil, é fundamental para o processo de gerenciamento da atividade, pois permite avaliar a rentabilidade de produtos e clientes, subsidiar diversas ações tomadas em relação à malha logística e acompanhar os *trade-offs* com o nível de serviço.

O conceito de custo total expõe que a redução do custo de cada parcela isolada de uma operação logística não garante a redução do custo logístico total (Villasbôas, 2001). Isto significa que, eventualmente, um maior custo em um dos componentes do custo logístico total poderá trazer ganhos em outros componentes, de modo que o custo total venha a se reduzir. Os itens de custo a serem considerados normalmente na formação do custo logístico são:

- estoque — custo de aquisição e manutenção do estoque de materiais ou produtos;
- armazenagem — custo de armazenagem e movimentação interna de produtos;
- produção — custo de manufatura de lotes ótimos de produção, independentemente de demandas;
- transporte — custo de deslocamento entre pontos da cadeia de suprimentos
- processamento de pedidos — custo, para o fornecedor, de recebimento e atendimento de pedidos.

Figura 14

Custo logístico total

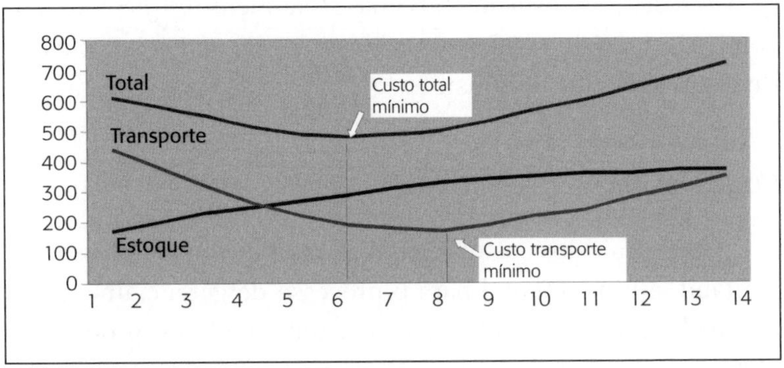

Fonte: Bowersox, Closs e Cooper (2007).

O comportamento do conceito de custo total está exemplificado no gráfico da figura 14, que compara custos de transporte e de estoque em uma rede logística em relação ao custo total. Observando a curva de custo total, verificamos os *trade-offs* entre as duas grandezas, em que o incremento de uma é compensado pelo decréscimo da outra, gerando um custo logístico menor até seis pontos de estoque, quando é atingido o ponto de mínimo da função custo. O menor custo de transporte ocorre quando existem oito pontos de estoque; o menor custo de estoque ocorre quando existe apenas um ponto de estoque, demonstrando a afirmativa anterior de que a tentativa de minimização das parcelas do custo total de forma individual não leva à obtenção do mínimo custo total.

Logística nas empresas de serviços

Decorridos alguns anos, desde que a indústria de bens de consumo e de bens duráveis adaptou os conceitos de logística desenvolvidos nas Forças Armadas às suas próprias necessidades no pós-guerra, o conhecimento de logística empresarial nas indústrias já alçou voo próprio.

A cada ano um percentual maior da força de trabalho dos países desenvolvidos e daqueles em desenvolvimento, como o nosso, é remunerado por empresas de serviços ou não manufatureiras. Durante várias décadas o Brasil apresentou expressivos índices de crescimento de empregados no setor, como demonstrado na figura 15.

O PIB de serviços brasileiro apresenta a marca de aproximadamente 60% do total em 2003 (ver figura 16). Com tanta efervescência neste setor, e uma vez que a logística tem apresentado resultados expressivos em termos de otimização dos ativos industriais, é razoável que profissionais do setor de serviços questionem e procurem entender o papel desta ciência em seu ambiente particular de negócios. Cada vez mais, com motivos, questões ligadas à existência e à natureza da logística nas empresas de serviços vêm à tona. Outras questões pertinentes referem-se às bases conceituais e às práticas da gestão da logística no ambiente de prestação de serviços: são ou deveriam ser semelhantes àquelas da logística nas indústrias?

Figura 15

Evolução da população ativa por ramos de atividade

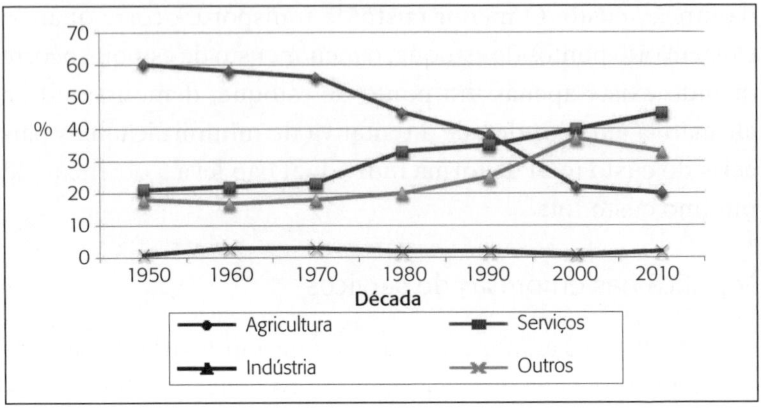

Fonte: IBGE — PNAD e Censo 2010

Figura 16

Participação das atividades no valor adicionado a preços básicos

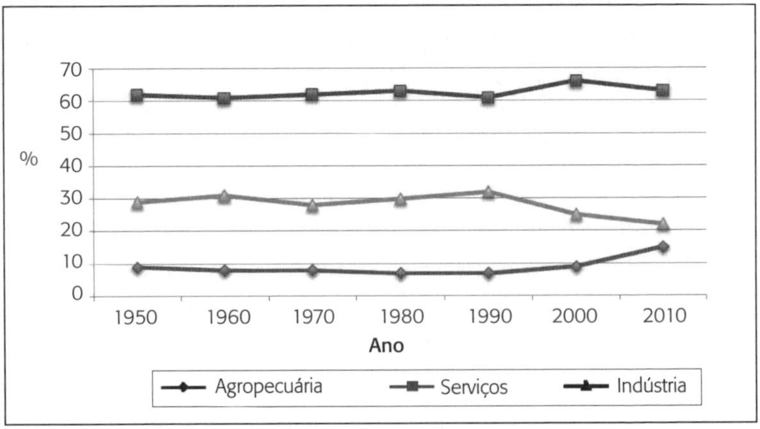

Fonte: IBGE — PNAD e Censo 2010

Este tópico pretende iluminar um pouco mais tais questionamentos, sem, todavia, discutir todos os aspectos da gestão da logística em empresas prestadoras de serviços, por entendermos o ineditismo da abordagem e a complexidade da empreitada. Inicialmente será conceituada a era dos serviços que começamos a experimentar; em seguida serão discutidas aplicações da logística tradicional, voltada à gestão de materiais, na indústria de serviços e, finalmente, conceituaremos o que é mais recente em termos taxonômicos: a logística de resposta a serviços, posto que ela se refere à otimização do processo de atendimento ao cliente, em processos não diretamente afetos aos materiais.

Era do serviço

Há mais de 200 anos, o economista e filósofo escocês Adam Smith afirmou, com sucesso, que o poder militar, o ouro, os escravos e as colônias não representavam meios eficientes de adquirir riqueza. Argumentava que a riqueza seria mais eficiente se obtida pela produção e pelo comércio. Esta cultura da produção tem sobrevivido às décadas desde então. Nos dias atuais, entretanto, verifica-se que cada vez mais os países desenvolvidos estão transferindo as atividades de produção para os países em desenvolvimento e incrementando as indústrias de serviços, nas quais os lucros são maiores e o trabalho mais "limpo".

O conceito de serviço acrescenta uma nova dimensão ao produto, posto que: a produção agrega forma; o transporte agrega o local; o comércio agrega a posse; e o serviço agrega o estado, entendido este último como mudança no produto sem alteração das demais características. Por exemplo: uma instituição bancária provê crédito e segurança a quem já possui recursos financeiros; um hospital tenta mudar o estado de um paciente doente para saudável.

Após a revolução industrial tivemos uma era da produção — até o início do século XX — caracterizada pelo trabalho especializado, vantagem comparativa entre empresas e regiões, desenvolvimento de linhas de montagem e produção em massa. O gerenciamento nesta era foi orientado à produção.

A era do marketing e da distribuição, que se seguiu à era da produção nos primeiros anos do século XX, caracterizou-se pelas atividades organizacionalmente superiores à produção. As empresas qualificaram pessoal para o desenvolvimento de atividades que incrementavam as vendas. A ênfase foi colocada na publicidade, no marketing e na segmentação do mercado. A era da qualidade, que estamos vivenciando, foi dedicada ao consumidor, que passou a escolher certos produtos em função de sua percepção de melhor qualidade, a preços competitivos.

A era dos serviços, que se anuncia, é caracterizada por focalizar a entrega de benefícios, em vez de produtos, aos consumidores. A orientação do gerenciamento deve ser voltada para o cliente. A garantia é a medida de eficácia. Quando um consumidor adquire um computador com garantia de desempenho por todo o período de seu ciclo esperado de vida, está adquirindo capacidade de processamento, e não uma máquina. A tendência é que este tipo de serviço de "estado" agregado ao produto seja cada vez mais oferecido.

Serviço ou produto

Em muitas organizações descobriu-se que se poderia adquirir serviços a custos menores que o da execução com recursos próprios. A terceirização é a tendência resultante deste movimento, no qual as empresas decidem adquirir em vez de produzir ou de realizar com seus próprios recursos. Os operadores logísticos, por exemplo, cumprem este papel por meio da prestação de serviços logísticos: estoque, armazenagem, transporte, embalagem etc. São os operadores logísticos, portanto, típicas empresas prestadoras de serviços, a despeito de realizarem atividades mais comuns — porém não exclusivas destas — em empresas manufatureiras, como discutiremos na próxima seção.

Para Bloomberg, LeMay e Hanna (2002), os serviços podem ser identificados por quatro características principais, que comentaremos a seguir.

- Intangibilidade — Ao contrário dos produtos, o serviço não pode ser tocado, ou visto. Isto faz com que muitos problemas só possam ser conhecidos após sua execução, e muitas vezes a única forma de corrigir eventuais problemas é refazendo todo o processo, ocasião em que o cliente pode, eventualmente, decidir dirigir-se a outro fornecedor.
- Não separabilidade — Serviços, geralmente, são primeiro vendidos, e então produzidos (muitas vezes desde o princípio) e consumidos. Produção e consumo não podem ser separados, obrigando que o produtor faça sempre a distribuição direta, sem a possibilidade de ter distribuidores especializados: o produtor do serviço acaba tendo que ser especialista em todo o processo.
- Variabilidade — Há uma tendência muito maior a variações nos processos de prestação de serviços do que nos processos de produção. A qualidade percebida do serviço varia tremendamente de acordo com a hora do dia e com o tipo de interação que ocorre entre o prestador e o cliente. Em processos ligados a produtos há muito mais oportunidades de padronização, pois a interação com o cliente, em geral, pode ser manipulada por meio de estoques reguladores.
- Perecibilidade — Serviços não podem ser estocados ou acumulados. Assentos vazios em voos de uma empresa aérea não poderão ser vendidos novamente; cada voo é único. Sincronizar precisamente oferta e demanda sem o amortecimento dos estoques reguladores é uma tarefa desafiadora.

Contudo, a despeito de tantas aparentes diferenças, muitos estudiosos acreditam que, na verdade, não há diferenças significativas de análise e execução quando pensamos na operação de empresas de manufatura ou de serviços em um contexto mais amplo. Tal percepção pode ser entendida se abordarmos a questão sob o enfoque dos processos. Neste contexto, perceberemos que a diferença muitas vezes reside apenas na existência ou não de um bem habilitador do processo, mas que, na verdade, o sucesso ou o fracasso de qualquer das duas empresas está claramente relacionado à eficaz gestão de seus processos, e que, neste particular, ambas são muito semelhantes. Por exemplo, o que faz um consumidor preferir adquirir o caderno produzido por uma determinada empresa é fruto da gestão de todos os processos organizacionais que levaram à produção e distribuição daquele caderno específico, assim como ocorre na seleção de um determinado prestador de serviços: seleciona-se aquele que apresenta melhor resposta à relação demanda *versus* preço, ou seja, o que maximiza a percepção de valor.

Este tipo de abordagem pode ser encontrado em Anupindi e colaboradores (1999), que desenvolveram completa abordagem para análise de processos operacionais para produção de bens ou de serviços. O trabalho consolidado por esses autores considera que os produtos oferecidos pelas empresas são costumeiramente combinações de bens e serviços. Por exemplo: um fabricante de automóveis não vende apenas o veículo, mas financiamento e serviços de manutenção, enquanto uma empresa aérea não vende apenas transporte, mas refeições e bebidas. Assim, sua abordagem é a de operações de processos, que são utilizados pelas empresas para fornecer bens e serviços. Os processos fazem isso por meio da transformação dos insumos de capital e trabalho, como ilustrado na figura 17.

Figura 17

Processo como rede de atividades com entradas, saídas, gerenciamento e informações

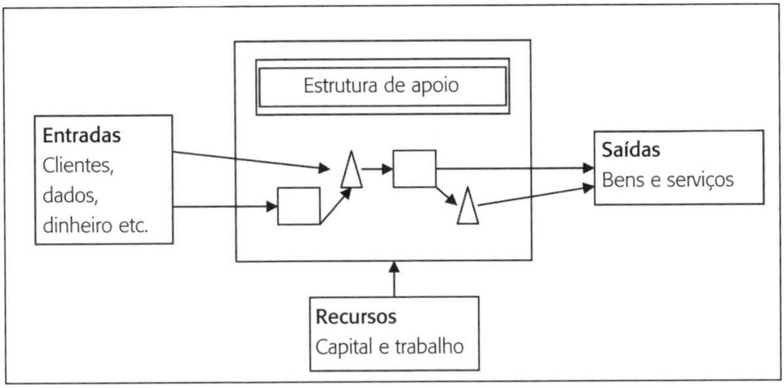

Logística tradicional na indústria de serviços

Há extensa literatura sobre a operação de empresas de serviços e marketing de serviços, mas pouco se escreve sobre logística no setor de serviços. Entretanto, constata-se que bancos, por exemplo, podem gastar significativas quantias recebendo, armazenando, selecionando e transportando cheques e valores pelo país. Hospitais necessitam de complexa gestão dos estoques de remédios, insumos para exames laboratoriais, alimentação dos pacientes etc. Hotéis apresentam o mesmo tipo de necessidade de gestão complexa de materiais que os hospitais. Empresas de telefonia e demais prestadores de serviços de alta tecnologia, similarmente, possuem fabulosa gestão de estoques, transportes de equipes, materiais e armazenagem, como ocorre em indústrias.

Então, qual a razão para que os conceitos de logística tenham ficado restritos ao ambiente industrial? O que motiva tal segregação? Em parte pode-se assumir que é a evolução histórica das funções empresariais. Pode-se considerar, também, a importância financeira das operações em cada ramo de negócio, ou ainda a visibilidade, até mesmo na política da organização, que tais operações tipicamente logísticas têm, ou seja, o que é visto com olhos mais atentos e diretamente pela alta administração nas organizações do setor de serviços são os processos de atendimento aos clientes durante o provimento dos serviços, e não os processos de materiais.

Tal visão é míope, pelo menos por dois motivos-chave. O primeiro é: para que a prestação de serviços ocorra, sem sobressaltos, é necessário que os processos de administração de materiais estejam sendo desempenhados competentemente, pois são atividades essenciais. Por exemplo, se os caixas de autoatendimento não forem precisamente ressupridos, ou seja, se os estoques, embalagens e transportes de numerário não forem precisamente realizados, ou ainda, não forem disponibilizados no tempo certo, no local oportuno e na condição desejada, o atendimento ao cliente estará seriamente comprometido.

O segundo motivo diz respeito ao custo operacional, que está associado ao aumento da escala, consequência do crescimento das economias, principalmente dos países emergentes. Pode-se citar, como exemplo, o aumento das contas-correntes abertas nos bancos, resultado do crescimento dos empregos formais. O maior número de correntistas leva à necessidade de ampliar a rede de bancos, assim como a quantidade de caixas eletrônicos (*automatic teller machine* — ATM) para atender às necessidades dos novos clientes, que surgem mais exigentes.

O raciocínio é simples. Se cada agência bancária ou hoteleira, por hipótese, adquirir e gerenciar seus próprios insumos em vez de a cadeia fazer isso de forma centralizada, fica claro o desperdício de transportes, movimentação de materiais, armazenagem em área nobre das lojas e gerência de estoques, além do preço mais alto que se pagaria por lotes menores, individualmente negociados, para a maioria dos insumos. Como exemplo, podem-se citar as ações de *e-procurement*, desenvolvidas por diversas empresas de serviços, como o portal BcomB da Embratel <www.BcomB.com.br>, descrito no quadro 4, a seguir.

Quadro 4

Embratel também adere

Além do setor financeiro, o de telecomunicações também está sofrendo um grande impacto com a internet, segundo a PricewaterhouseCoopers. A Embratel adiantou-se ao mercado e lançou o portal BcomB, um *e-marketplace* que tem como principal atrativo a própria empresa, a maior operadora de telecomunicações do Brasil.

O portal atende, de modo flexível, aos mais variados modelos de compra e venda de produtos e serviços, e é uma solução de mercado eletrônico para empresas que optarem por utilizar a internet em seus processos de compra e venda. Na primeira fase de funcionamento, está oferecendo produtos e serviços classificados como MRO (manutenção, reparo e operação), tais como artigos de papelaria, higiene e limpeza, telefonia, informática, eletrônicos, artigos para escritório, móveis e utensílios.

Também integram a lista serviços de segurança e manutenção predial. O portal já tem uma rede de 200 compradores e 300 fornecedores. "A Embratel gasta com MRO cerca de R$ 70 milhões por ano, sendo que apenas R$ 5 milhões foram adquiridos através da internet, em 2000. O objetivo é, até o final de 2001, passar a utilizar a internet para adquirir 100% dos produtos de nossos fornecedores", afirma Elisabete Couto, diretora da Unidade de Internet da Embratel.

O projeto-piloto do BcomB foi lançado em setembro de 2000, com a participação de 25 fornecedores e 10 empresas compradoras, entre as quais a própria Embratel, além de empresas de logística e alguns bancos do país. "No período de teste, empresas reduziram seus gastos em até 39%", afirma ela, garantindo a segurança das transações efetuadas pelo portal: "os dados são armazenados em computadores e as transações trafegam pela rede com privacidade entre as duas pontas". Informa também que o projeto contou com a participação da Internet Security Systems (ISS), especializada em soluções de segurança para *e-commerce*.

O BcomB pode compartilhar sua infraestrutura com empresas que querem desenvolver seus próprios mercados digitais e com as que têm dificuldades em gerenciar os seus sites de *e-commerce*. "Este portal pode ser totalmente personalizado, ter interfaces gráficas e configurações próprias", esclarece Elisabete.

Vesta Technologies

A Vesta Business Services (VBS) lançou um pacote de soluções para a construção de mercados digitais, de rápida implementação. A arquitetura do portal inclui as ferramentas *e-procurement*, *e-content* (gerenciamento virtual de catálogos),

continua

e-logistics (logística eletrônica) e *e-payment* (pagamento eletrônico). Assim, os usuários do portal podem selecionar ofertas, gerenciar o *workflow* – da cadeia de aprovação de compra até a efetivação dos pedidos –, contratar logística e efetuar o pagamento eletrônico. As empresas fornecedoras cadastradas podem atualizar remotamente seus catálogos e listas de preços, reduzindo os custos de comercialização e a aquisição de produtos e serviços.

Fonte: Adaptado da revista *Executivos Financeiros* (2001).

Logística de resposta de serviços (LRS)

Pela discussão anterior, fica claro que diversas empresas rotuladas como prestadoras de serviço, ou do setor de serviços, possuem vasta atividade logística de materiais, executando as tradicionais atividades logísticas, como transporte, estoque, armazenagem, embalagem etc. É ainda patente que, se em algumas empresas o gerenciamento logístico não é visto de forma estratégica pela organização, pode estar havendo uma grande perda de oportunidade.

Em termos de nível de serviço percebido pelo cliente, o gerenciamento eficaz e eficiente da logística é capital. Contudo, há diversas organizações importantes, grandes ou pequenas, em que não se pode afirmar, de antemão, que o impacto em termos de custos seja suficientemente relevante para ser considerado estratégico. Pode-se pensar em consultorias, seguradoras, escritórios em geral, pois, se por um lado a falta de insumos simples, como formulários e demais materiais de escritório, pode tumultuar sobremaneira a prestação de serviços, por outro sua gerência nunca é tão cara que justifique toda a complexidade operacional para implantação de adequada gestão logística.

Há ainda um dado financeiro que deve ser agregado à questão. Em uma típica empresa manufatureira, o custo das compras, estoques e movimentação de mercadorias pode chegar a mais de 65% dos gastos totais. Empresas típicas de serviços podem consumir 75% de seus orçamentos em gastos com pessoal, planejamento e manutenção da estrutura para a provisão de serviços, e até 25% com a logística dos insumos necessários, assim como as indústrias também o fazem.

É intuitivo que estratégias similares às da redução do custo das indústrias de produção podem ser adotadas para otimizar as operações das empresas prestadoras de serviços, pois, como vimos, autores como Anupindi e colaboradores (1999) já postulam metodologia integrada baseada em operações e processos que descortina tal possibilidade.

Contudo, a tradicional definição de logística orientada para produtos é muito estreita e não reflete as características específicas da indústria de serviços. É necessário estabelecer uma definição mais ampla, não somente para permitir o reconhecimento dos processos logísticos nas empresas de serviços, como também para enfatizar as oportunidades de mútua influência entre as logísticas de produção e prestação de serviços. Para tal, utiliza-se a *logística de resposta de serviços*, que pode ser vista como um processo de coordenação das atividades não afetas ao material, necessárias ao atendimento do serviço de modo eficiente, como definido pelo trabalho pioneiro *Logistics in service industries* (1991) do *Council of Logistics Management* (CLM).

Quatro tipos de empresas podem representar uma grande parcela da indústria de serviços: hospitais, empresas de telecomunicações, bancos e prestadoras de serviços de alta tecnologia. Neste último grupo podemos ter desde empresas desenvolvedoras de software avançado até operadores logísticos.

A agregação do conceito de resposta de serviço à definição de logística adequada aos produtos da nova era de serviços seria, então: logística é o processo de antecipar as necessidades e desejos do consumidor, adquirindo capital, materiais, pessoal, tecnologias e informação necessários para satisfazer aquelas necessidades, otimizando a estrutura de produção de materiais ou serviços para atender aos requisitos do consumidor e utilizando esta mesma estrutura para atender a tempo às solicitações do consumidor.

A logística de resposta de serviços é a coordenação das atividades de uma organização para a produção de um serviço. Enquanto ela ocorre em ambas as indústrias, de produção e de serviços, a ênfase e a importância nestas últimas é maior, devido à natureza do processo de prestação de serviço.

A LRS demanda muito mais gerenciamento que a logística tradicional, uma vez que, na produção, a coordenação acontece antes da confecção do produto. Se ocorre um problema, ele pode ser contornado, ou ao menos minimizado por ações de contingência, como emprego de estoques e transporte especial. Na indústria de serviços a coordenação das atividades ocorre enquanto o serviço está sendo realizado, de modo que uma descontinuidade conduzirá a excessivos tempos de espera ou à perda de negócio.

Atuação da logística de resposta de serviços

A logística de resposta de serviços focaliza três áreas principais:

- minimização de tempos de espera, isto é, redução do tempo de ciclo de uma ordem;
- administração da capacidade de serviços;
- entrega por meio de canais de distribuição mais acessíveis aos clientes.

As principais ferramentas para o gerenciamento da logística de resposta de serviços são:

- minimização do tempo de espera — esperas e atrasos ocorrem em muitas situações e são fatores-chave na determinação de qualidade do serviço. Em ambientes de negócio regulamentados, como o das empresas de telefonia, há inclusive indicadores de performance ligados aos tempos de espera, com sanções previstas caso os padrões não sejam atendidos. Muitas técnicas são usadas para redução dos tempos de espera, em geral similares às utilizados na logística tradicional, como, por exemplo: programas de qualidade, sistemas de resposta automática, realinhamento de processos, comunicação melhorada com o cliente, incremento do uso da informação;

- administração da capacidade de prover serviços — talvez seja a área mais importante para o sucesso das operações de uma empresa provedora de serviços. Tem a mesma importância para as empresas de serviço que o gerenciamento do estoque para uma empresa manufatureira. Pouca capacidade resulta em perda de vendas; muita capacidade ociosa, em excesso de custo — exatamente como ocorre com os estoques. As principais técnicas utilizadas nesta administração são: compartilhamento de recursos, marketing e vendas proativos, treinamento de pessoal em multifunções; melhores sistemas de programação e agendamento, estratégia de preços;
- fornecimento do serviço por meio de canais de distribuição mais acessíveis aos clientes — as principais técnicas utilizadas nesse caso são: uso crescente de tecnologia e aumento das horas de operação (terminais de autoatendimento dos bancos 24 horas, *home banking* etc.).

Evolução da logística até o *supply chain management* (SCM)

Inicialmente, a logística era vista como uma atividade de apoio, pois era associada ao transporte e à armazenagem. Por isso era encarada como uma despesa necessária ao atendimento de situações inevitáveis, como o deslocamento da matéria-prima de sua origem até o ponto de aplicação na produção, a manutenção de estoques de produtos acabados, para suprir as variações da demanda ou mesmo as diferenças de ritmo entre a produção e a venda desses produtos.

Com o tempo e o processo de globalização da economia, as organizações perceberam que o consumidor mudara seu comportamento, não mais valorizando o produto somente pela marca ou por sua qualidade técnica. Ou seja, para ser vencedora em seu mercado de atuação, não mais bastava à empresa possuir um produto que estivesse na "cabeça" do consumidor e fosse reconhecido como capaz de atingir os objetivos para o qual seria adquirido. Para competir neste novo cenário, a empresa precisava ter processos que garantissem o atendimento de parâmetros como tempo, lugar, qualidade e informação, pois estes são os fatores decisivos no processo decisório de compra.

Imagine que você necessite adquirir uma impressora. Há alguns anos, provavelmente você teria poucas opções de produtos de boa qualidade. Hoje, há inúmeras opções, tanto em qualidade quanto em preço. Isto ocorre porque, nas últimas décadas, o desenvolvimento tecnológico fez com que os produtos ficassem tecnicamente muito parecidos e o consumidor já não visse diferença entre as diversas marcas disponíveis. Dessa forma, acreditamos que você, ao entrar na loja para adquirir sua impressora, decidiria por aquela que estivesse disponível naquele momento. Ora, então podemos afirmar que em sua decisão de compra, além da qualidade do produto, a disponibilidade no local e no momento foi decisiva.

Na busca por melhorias contínuas na eficiência de seus processos, as organizações procuram trabalhar com estoques cada vez mais reduzidos. Para evitar o comprometimento dos resultados, tal redução é suprida pela utilização da informação, elemento-chave do processo.

Segundo Novaes (2001), a logística empresarial, além de agregar os valores de lugar, tempo, qualidade e informação para o consumidor final, procura também eliminar do processo tudo que não tenha valor para o cliente, ou seja, tudo que acarrete somente custos e perda de tempo, comprometendo a otimização dos recursos. Se a competição de mercado, de um lado, busca o aumento da eficiência e a melhoria dos níveis de serviço ao cliente, de outro, obriga a uma redução contínua nos custos.

O ciclo evolutivo da logística pode ser dividido em quatro fases, que variam de uma atuação totalmente desintegrada até o conceito de gerenciamento da cadeia de suprimentos (SCM), conforme apresentado na figura 18.

Figura 18

Ciclo evolutivo da logística

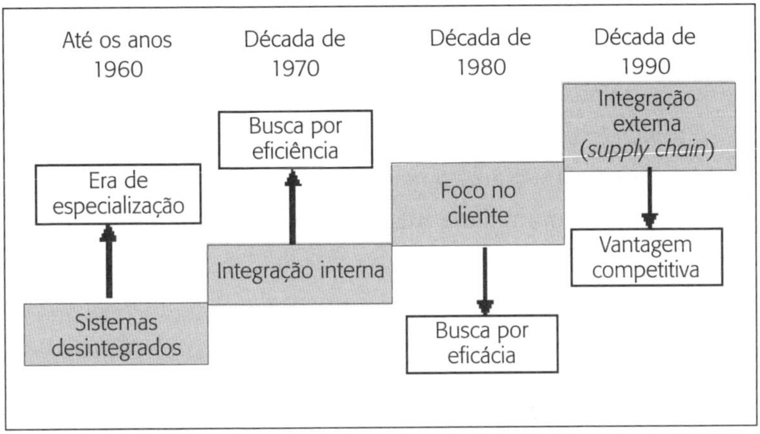

Na primeira fase, os sistemas logísticos eram desintegrados interna e externamente e as empresas concentravam-se em atender a uma demanda reprimida, principalmente após a II Guerra Mundial. Os produtos possuíam uma padronização (carros na cor preta, por exemplo), e a ênfase da produção estava na escala, aproveitando as técnicas de produção em série. Tínhamos funcionários e processos especializados. Os sistemas de informação eram rudimentares, acarretando prazos de entrega muito grandes e necessidade de manutenção de altos níveis de estoques em toda a cadeia produtiva.

Na segunda fase, as empresas perceberam que a atuação desintegrada, com processos em silos, aumentava seus custos e diminuía a eficiência. Passaram então a buscar a integração dos processos internos, substituindo objetivos individuais pelo objetivo coletivo. A principal mudança conceitual introduzida é a do conceito do custo total e das trocas compensatórias, ou seja, o objetivo é a minimização do custo total e não dos custos individuais, podendo haver aumento em alguns casos, desde que compensados por reduções em outros. Por exemplo, podemos ter aumento do custo de transporte e diminuição do custo de estoque.

Na terceira fase, para adaptar-se às novas necessidades do mercado, os processos logísticos, além de integrados, passaram a ser flexíveis e a ter maior preocupação com a satisfação do cliente. Tornaram-se muito mais dinâmicos, exigindo utilização crescente da tecnologia de informação.

Na quarta fase, a integração interna foi estendida para os agentes externos, visando criar um processo único capaz de atender às necessidades do consumidor final, cuja importância cresceu significativamente a partir dos anos 1990. Surgiu, então, o conceito de cadeia de valor, que reúne todos os agentes capazes de fazer com que o produto esteja disponível na quantidade, local, prazo e forma desejados pelo consumidor final.

O principal destaque dessa quarta fase da logística é a colocação em prática do conceito de *supply chain management* (SCM) ou gerenciamento da cadeia de suprimentos, por meio do qual o processo logístico, além da integração física, passa a ter uma integração estratégica, objetivando melhoria contínua, representada pela redução de custos, eliminação de desperdícios e aumento do valor percebido pelo consumidor final.

O *supply chain management* (SCM)

A necessidade de respostas cada vez mais rápidas às demandas geradas na ponta do consumo levou as empresas a buscar estruturas cada vez mais flexíveis, com as habilidades necessárias ao novo cenário criado pela globalização econômica.

Ao perceberem que responder a essas novas demandas, além de extremamente custoso, não seria possível na velocidade exigida pelo mercado, as empresas passaram a dar importância a todos os relacionamentos que permitissem esse atendimento.

Surgiu então o conceito de organização em rede ou cadeia de abastecimento, que nada mais é do que uma forma organizada de perceber todos os processos que geram valor para o cliente final de um produto, independentemente de onde esses processos estejam sendo executados — se na própria empresa ou em alguma outra com a qual haja algum tipo de relacionamento.

Mais que perceber, a organização em rede procura integrar os processos de forma a obter máxima eficiência e eficácia na gestão do produto, desde as fontes de matéria-prima até a venda do produto acabado ao consumidor final, buscando coordenar e controlar todas as atividades necessárias ao atendimento do mercado no qual ela esteja.

É exatamente este esforço de coordenação e controle dos processos de negócio envolvidos na gestão de um produto que denominamos *supply chain management*. Em outras palavras, o SCM significa uma mudança conceitual na forma pela qual as empresas gerenciam sua relação com o produto ofertado ao mercado, passando a compartilhar com outros componentes da cadeia de valor do produto os processos-chave do negócio.

A figura 19 apresenta uma cadeia de valor genérica. A aplicação do conceito de SCM levaria a entender o processo de gerenciamento do produto como um único processo, iniciado no fornecimento de matéria-prima (fornecedor) e encerrado na venda do produto acabado ao consumidor final, na instalação do varejista (um supermercado, por exemplo).

Figura 19

CADEIA DE SUPRIMENTOS GENÉRICA

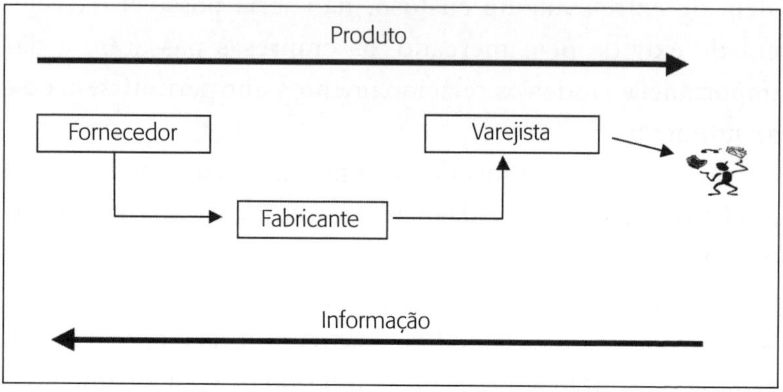

3

Tecnologia da informação na logística

Neste capítulo analisaremos a importância da tecnologia da informação (TI) para a logística, buscando compreender como ela possibilita a otimização de várias atividades em uma cadeia de suprimentos, reduzindo seus custos e tornando toda a cadeia mais eficiente.

Entretanto, antes de continuarmos, temos de definir o que chamaremos, neste livro, de *tecnologia da informação*. Inicialmente, para que possamos gerenciar a informação, necessitamos de duas instâncias distintas, porém complementares: o sistema de informação e a tecnologia da informação. O primeiro é responsável pela coleta, processamento, análise e disseminação da informação, operações que dispensam o uso de computadores, e o segundo diz respeito ao aspecto tecnológico propriamente dito, que envolve o hardware e o software (Turban, Rainer Jr. e Potter, 2002). O sistema de informação passou a necessitar, com mais intensidade, da tecnologia da informação devido ao crescimento contínuo das bases de dados, o que tornou impossível seu gerenciamento manual. Para simplificar, neste livro não faremos distinção entre os dois e usaremos a expressão *tecnologia da in-*

formação, ou simplesmente TI, em um sentido mais abrangente, que englobará a tecnologia e o sistema de informação.

Este capítulo tratará de tecnologias para identificação, monitoramento e, finalmente, gestão da informação. Antes de iniciarmos a descrição dessas tecnologias, faremos uma breve análise da importância da informação. Posteriormente, estudaremos os sistemas de identificação de produtos e insumos, que englobam o código de barras e a *radio frequency identification* (RFID). A seguir, analisaremos os métodos de monitoramento e gestão da informação, que exigem softwares como o *enterprise resource planning* (ERP) e o *warehouse management system* (WMS). Em continuidade, analisaremos os sistemas que visam implementar processos de suprimentos contínuos, o *efficient consumer response* (ECR) e o *vendor management inventory* (VMI). Finalmente, faremos um estudo a respeito de como a web, com a utilização de seus modelos de negócios, o *business-to-business* (B2B) e o *business-to-consumer* (B2C), pode se transformar em ferramenta de suporte à logística e integração da cadeia de suprimentos.

A importância da TI na cadeia de suprimentos

Inicialmente, podemos nos perguntar qual seria a importância da TI para a logística. Que vantagens ela poderia trazer para as empresas e para a cadeia de suprimentos?

Para responder a essas perguntas é necessário fazer uma reflexão a respeito das mudanças que estão ocorrendo no mercado. O mercado está se modificando continuamente, se adequando, por exemplo, às tecnologias que estão surgindo e sendo inseridas em todos os segmentos. As novas aplicações e equipamentos são, na verdade, responsáveis pelos novos produtos que vêm revolucionando os mercados de consumo e produtivo. A partir dessas inovações são criados novos processos nas manufaturas, aumentando a produtividade, reduzindo os preços e tornando acessível às diversas classes sociais os mais inimagináveis produtos, como o telefone celular.

Nos últimos 25 anos este ritmo de mudança vem proporcionando maior desempenho aos equipamentos utilizados em diversos setores, com destaque para o de comunicação. O aprimoramento e a popularização da internet, muito mais rápida e democrática, tornou possível a troca de informações com baixo custo, além da interação mais intensiva entre pessoas e entre empresas, independentemente de onde elas estejam no globo (McKenna, 2002).

Tais condições possibilitam que empresas modifiquem as formas de comercialização de seus produtos, chegando mais próximo dos consumidores e atingindo regiões nunca alcançadas, com a participação de poucos ou nenhum intermediário. Os clientes passam a ter um canal de comunicação imediata e contínua, fornecendo informações seguras sobre suas necessidades através de suas visitas aos portais das empresas na internet.

Esta nova realidade vem formando o que podemos chamar de novos consumidores, cada vez mais seletivos, exigindo produtos mais customizados e distintos. As mudanças nos hábitos de consumo são cada vez mais imprevisíveis, demandando das empresas o aprimoramento de sua capacidade de análise de tendências, por meio da utilização de e-mail, *chats*[9] ou *call centers*, que aumentam a aproximação com os clientes, facilitando seu *feedback* contínuo (Kotler, 2000). Para se tornarem mais ágeis, respondendo rapidamente às exigências

---

[9] *Chat* — comunicação online, pela internet, por meio da qual pessoas conectadas a um mesmo portal podem conversar utilizando mensagens instantâneas escritas ou, até mesmo, por voz. Este recurso vem sendo usado pelas empresas em seus serviços de atendimento ao consumidor (SAC), incrementando os canais de relacionamento com os consumidores.

do mercado, os principais membros das cadeias produtivas devem estar integrados e as informações precisam fluir com velocidade e integridade.

Agora podemos responder à primeira pergunta deste capítulo, ou seja, qual a importância da TI para a logística. A TI proporciona maior integridade e velocidade na troca de informações, o que otimiza diversas atividades na logística como, por exemplo, identificar onde e quando os produtos deverão ser distribuídos, o que e quando estocar, quais locais necessitam de que *mix* de produtos etc. Os benefícios diretos alcançados com o acesso à informação são melhorias na previsão das demandas, na coordenação estratégica entre os membros da cadeia e na gestão dos estoques, assim como uma rápida reação às solicitações do mercado e redução do *lead time* (Simchi-Levi, Kaminsky e Simchi-Levi, 2000).[10]

O objetivo da TI, na realidade, é prover as empresas do principal insumo gerado pela tecnologia que é a "informação", porque, hoje, tudo que as pessoas tocam é absorvido por uma rede de informações em que os dados são coletados, analisados e filtrados para, posteriormente, se transformar em subsídio para ações de mercado (McKenna, 2002).

Para que possamos obter tais informações são necessários diversos aplicativos, muitos deles já disponíveis no mercado há alguns anos. Para distinguirmos um produto ou pessoa A de outro B, temos que identificá-los, ou seja, dar-lhes um nome ou, então, um código. Esta é uma das funções de identificadores como o código de barras e o RFID, o primeiro já muito usado no mercado, atingindo escala com custos acessíveis, e o segundo em processo de adequação, prometendo ser a nova revolução para o mercado em termos de estado da arte de identificação e ras-

---

[10] *Lead time* — o espaço de tempo entre o momento em que o pedido é feito e aquele em que é recebido (Chopra, 2004).

treabilidade. Porém, de nada nos adianta identificar e saber onde se encontram produtos ou pessoas se não podemos gerenciar suas informações; para isto, os sistemas de gestão representados pelo ERP facilitam o acesso aos dados, de forma consolidada, possibilitando, por exemplo, a automação de algumas funções, otimizando processos e ferramentas de planejamento e melhorando a tomada de decisão (Bertaglia, 2003). O ERP planeja ainda os recursos necessários para a execução de projetos a partir de informações obtidas nos departamentos em que esteja implementado.

Com as informações gerenciadas e estruturadas, passa a ser necessária a movimentação física dos produtos, para que possam ser distribuídos. Para isso, é preciso encontrá-los, por exemplo, dentro dos armazéns, e a ferramenta mais adequada é o WMS. Este sistema melhora o desempenho do *picking*[11] dos produtos, determinando o menor caminho ou roteiro para realizar a coleta, otimizando a armazenagem dos produtos nos locais mais adequados nos centros de distribuição e reduzindo, consequentemente, os custos.

Porém, e se não houver produtos disponíveis nas prateleiras? As empresas que os disponibilizarem mais rápido ou evitarem a "quebra de gôndola" poderão provavelmente ser líderes de mercado, pois oferecem maior satisfação e melhores serviços aos clientes. Para que possa haver suprimentos contínuos e eficazes, duas ferramentas são utilizadas atualmente: o ECR e o VMI.

O ECR é a aplicação de um conceito de relacionamento entre cliente e fornecedor, com o objetivo de obter eficiência na cadeia logística (Bertaglia, 2003). Além de reduzir custos logísticos por minimizar estoques, pode melhorar o nível de

[11] *Picking* — coleta e separação de um pedido em um armazém.

serviço (disponibilidade dos produtos) aos consumidores finais (Novaes, 2001). O VMI é a administração do estoque pelo fornecedor, possibilitando a transformação do estoque empurrado em puxado.[12] Pode-se ainda manter estoques, porém com um inventário totalmente enxuto, reduzindo custos e mantendo o nível de serviço (Bertaglia, 2003).

Código de barras

Neste item, vamos buscar compreender as finalidades do código de barras em uma cadeia de suprimentos, além de saber quais são suas vantagens. O estudo abrangerá os seguintes códigos de barras:

- EAN/UCC-13;
- EAN/UCC-14;
- UCC/EAN-128.

Veremos como cada código é implementado, onde é utilizado e quais as suas vantagens. Porém, independentemente de qual seja o tipo do código de barras utilizado, esta tecnologia possui uma característica que a torna de grande importância para o nosso atual mercado, que é a identificação única de cada produto, insumo, palete ou caixa. Com a diversidade de produtos ofertada atualmente pela indústria, faz-se necessário identificar os produtos individualmente para saber, por exemplo, quem o consome e quando é consumido, bem como rastreá-lo ao longo da cadeia e utilizar inúmeras operações de automação.

Entretanto, para que os produtos sejam corretamente identificados e denominados univocamente, é necessário adotar alguns procedimentos, sendo o primeiro a utilização de códigos

---

[12] O estoque empurrado se caracteriza pela presença do produto no ponto onde o mesmo será usado. No estoque puxado ocorre o inverso, ou seja, há uma ausência de estoque, sendo necessária a reposição cada vez que um insumo ou produto for solicitado.

gerados e cadastrados pelo sistema EAN/UCC. O European Article Numbering (EAN) e o Uniform Code Council (UCC) são organizações internacionais que normatizam o uso do código de barras, possibilitando que cada código seja identificável, sem ambiguidade, em qualquer parte do globo.

Os símbolos mais utilizados para identificação de itens comerciais e unidades logísticas são os denominados *global trade item numbers* (GTIN EAN/UCC) ou número global de item comercial. Fazem parte deste padrão quatro estruturas de números:

- EAN/UCC-8;
- EAN/UCC-13;
- EAN/UCC-14;
- UCC-12.

A numeração EAN/UCC-8 é aplicada em unidades de consumo muito pequenas, como bombons, chocolates, chicletes etc. Este código de barras, utilizado exclusivamente para o varejo, é composto por oito dígitos, representando o número da empresa e do produto. Outro código também de uso exclusivo do varejo é o EAN/UCC-13, utilizado em itens unitários e em embalagens *multipacks* e formado por 13 dígitos. A figura 20 apresenta os códigos EAN/UCC-8 e o EAN/UCC-13.

Figura 20

CÓDIGOS DE BARRAS UTILIZADOS NO VAREJO

EAN/UCC-8

EAN/UCC-13

0 000121 219534

EAN-13 / JAN-13

(*retail items in* Europe / Japan)

Tanto a EAN/UCC-13 quanto a EAN/UCC-8 têm seus códigos relacionados principalmente com o preço final. Os dois códigos são interpretados pelo leitor óptico dos *check-outs*[13] dos varejistas.

A numeração EAN/UCC-14 é utilizada para unidades logísticas, como, por exemplo, caixas, fardos e contêineres. Porém, é necessário que os produtos consolidados sejam homogêneos, ou seja, que todas as unidades da caixa sejam iguais. A numeração é formada por 14 dígitos, de acordo com a figura 21, sendo processada apenas no recebimento pelos centros de distribuição, e não nos *check-outs* do varejo. Finalmente, a numeração UCC-12 era aplicada em itens exportados para os EUA e o Canadá até janeiro de 2005.[14] A numeração UCC-12 não faz parte do escopo deste estudo; portanto não será analisada.

Figura 21

EAN/UCC-14

12345678901231

Os dados do produto são, na verdade, armazenados em um banco de dados e podem ser personalizados de acordo com a necessidade de cada cliente, sendo extraídos após a passagem do código de barras pelo leitor óptico. Em um supermercado, por exemplo, ao passar o produto pelo *check-out*, obtém-se seu preço, como pode ser visto na figura 22.

---

[13] *Check-out* — caixas registradoras de frente de loja do varejo.

[14] Para mais informações, visite o site da EAN Brasil, em <www.eanbrasil.org.br>.

Figura 22

LEITURA DE DADOS NO *CHECK-OUT*

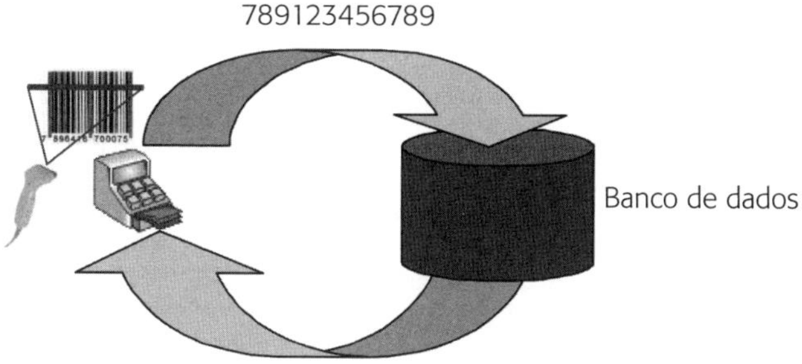

EAN/UCC-13

Após conhecermos algumas das principais características e oportunidades que os códigos de barras nos dão, vamos nos aprofundar um pouco mais no estudo do GTIN EAN/UCC-13, um dos principais códigos utilizados no varejo no Brasil.

A estrutura do código de barras é formada pelo prefixo EAN/UCC, contendo o número da empresa, seguido do número de referência do item e finalizando com o dígito verificador. Esta estrutura é detalhada na tabela 1.

Tabela 1

ESTRUTURA COMPLETA DO GTIN EAN/UCC-13

Prefixo EAN/UCC contendo o número da empresa		Número de referência do item	Dígito verificador
789	5678	00001	5
789	56789	0001	7
789	567890	001	8
789	5678901	01	4

Na tabela 1, os três primeiros números de referência da empresa estão separados porque são o valor correspondente ao

Brasil. Os três primeiros números variam de acordo com o país (por exemplo, se o produto foi fabricado na Argentina, os três primeiros números do código EAN/UCC-13 serão 779). O quadro 5 apresenta os principais códigos utilizados no mercado.

Quadro 5

Estrutura do prefixo do GTIN EAN/UCC-13

Prefixo EAN/UCC	Identificação	Descrição
789	GTIN (Organização EAN)	Alimentos, vestuário etc.
977	ISSN	*International standard serial number* – numeração atribuída a publicações periódicas.
978	ISBN	*International standard book number* – sistema internacional padronizado que identifica numericamente os livros segundo o título, autor, país, editora, individualizando-os inclusive por edição; é também utilizado para identificar software.

Todos os produtos feitos no Brasil iniciarão com o grupo de dígitos "789". A empresa poderá possuir a variação de quatro a sete dígitos. Os próximos valores, excluindo o último, representam o número do item, que pode conter de dois a cinco números, possibilitando a uma empresa possuir no mínimo 99 e no máximo 99.999 produtos.

O GTIN EAN/UCC-13 pode ser atribuído para um item, uma caixa com itens distintos, denominada *multipack*, embalagens promocionais ou ainda para caixas destinadas ao consumidor final, como, por exemplo, embalagens de cerveja.

Este procedimento facilita a criação de promoções e *cross-selling*,[15] possibilitando identificá-las individualmente entre todos os itens de um supermercado.

[15] O *cross-selling* (venda cruzada) facilita a venda simultânea de mais de um produto, permitindo o aumento do valor do tíquete médio. O valor do tíquete médio é obtido pela soma de todo o faturamento de um período, dividida pelo número de compradores desse período. Por exemplo, se o faturamento de um dia for de R$ 1 milhão e houver 500 vendas, o valor do tíquete médio será de R$ 2 mil.

Para que um produto cadastrado receba um novo GTIN é necessário que tenham ocorrido algumas mudanças como, por exemplo, em sua embalagem constarem novos preços ou quantidades. Utiliza-se também um novo GTIN para produtos com promoções sazonais, com o objetivo de aumentar as vendas.

Quando o produto se tornar obsoleto e tiver saído de linha há mais de 48 meses depois de seu último fornecimento, seu GTIN poderá ser reutilizado em um novo produto, otimizando o intervalo de números disponíveis para uma determinada empresa.

EAN/UCC-14

Após analisarmos o GTIN, vamos estudar o EAN/UCC-14, que tem por finalidade gerenciar as unidades logísticas. Sua estrutura é mostrada na figura 23.

Figura 23

Estrutura do GTIN EAN/UCC-14

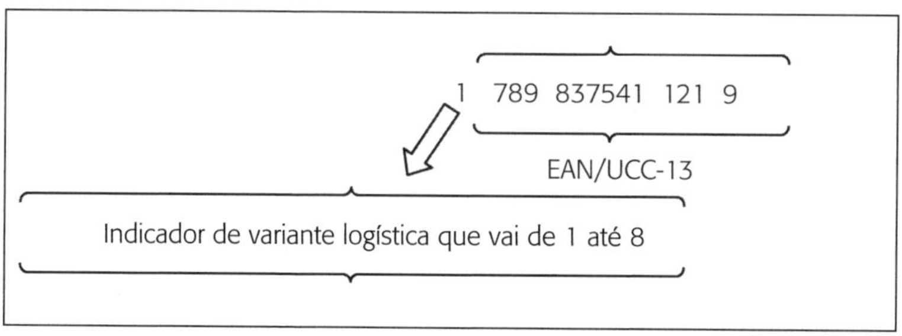

Vemos na figura 23 que a estrutura do GTIN EAN/UCC-14 é a do GTIN EAN/UCC-13, acrescida, em seu início, de um número que varia de 1 até 8. Podem ser utilizados nesta estrutura os códigos GTIN EAN/UCC-8 e UCC-12. Este GTIN foi desenvolvido para a identificação de caixas contendo produtos homogêneos, ou seja, com um único tipo de produto.

A faixa de 1 a 8 tem a finalidade de permitir que existam caixas com quantidades diferentes de produtos. A tabela 2 apresenta um exemplo de variação do GTIN para um mesmo tipo de produto.

Tabela 2

Variação do GTIN EAN/UCC-14

Produto	Qtde. de itens	GTIN EAN/UCC-13	GTIN EAN/UCC-14
Extrato de tomate Etta 200g	6 latas	789 56793 0025 9	1 789 56793 0025 2
Extrato de tomate Etta 200g	24 latas	789 56793 0025 9	2 789 56793 0025 8
Extrato de tomate Etta 200g	12 latas	789 56793 0025 9	3 789 56793 0025 7

A tabela 2 mostra a variação dos possíveis códigos para as caixas de extrato de tomate Etta 200g. Os valores iniciais diferenciam as diversas caixas e a variação da quantidade de itens nelas contidos. Verifique que no primeiro item o número inicial é 1 e a quantidade é de seis latas; no seguinte, o número é 2 e a quantidade passa para 24; finalmente, o último é 3 e a quantidade é 12 latas, mostrando que não existe qualquer relação numérica entre o dígito e o número de itens. A indústria Etta possui ainda mais cinco possibilidades de variar o número de itens por caixa, gerando outros cinco novos GTIN EAN/UCC-14. Finalizando, pode-se perceber que há uma variação também no dígito verificador, porém o GTIN do produto permanece inalterado.

Não se consegue fazer a leitura do GTIN EAN/UCC-14 no *check-out* do varejo; apenas nos leitores do depósito.

EAN/UCC-128

O EAN/UCC-128 é uma unidade logística que tem por finalidade rastrear o palete e concatenar todos os tipos de

GTIN em um único código, associando-os a mais de 100 novas informações. Pode ser utilizado nos processos fabris, na gestão de estoque de produtos consolidados e nos recebimentos das transportadoras e varejistas, mas sua leitura não é possível no *check-out* do varejo

Sua estrutura é formada por números e letras que agregam diversas informações, como mostra o exemplo do quadro 6.

Quadro 6

Exemplo de estrutura do EAN/UCC-128

Produto	Extrato de tomate Etta 200g
Código de barras EAN/UCC-13	789 56793 0025 9
Código de barras EAN/UCC-14 – 24 itens/caixa	2 789 56793 0025 8
Data de validade	15/8/2007
Lote	BE57
Número de caixas	32 caixas

O palete foi consolidado com 32 caixas, cada uma com 24 unidades do extrato de tomate Etta 200g, e o formato do EAN/UCC-128 ficou como o da figura 24.

Figura 24

(02) 2 789 56793 0025 8 (15)070815(10) BE57(37)32

Os valores entre parênteses representam o identificador de aplicação (*application identifier*, AI), que tem por finalidade informar, a partir de um código, a identificação do que representa a sequência numérica posterior a ele. O quadro 7 apresenta o significado de cada um dos AIs mostrados no exemplo.

Quadro 7

VALORES DO *APPLICATION IDENTIFIER* (AI)

AI	Especificação	Título de dados
(02)	GTIN EAN/UCC-14	GTIN
(15)	Data de validade (aa/mm/dd)	*BEST BEFORE or BEST BY*
(10)	Número do lote ou *batch*	*BATCH*
(37)	Quantidade de caixas no palete	*VAR.COUNT*

Fonte: <www.eanbrasil.org.br>.

Os códigos AI são fornecidos pela EAN Brasil <www.eanbrasil.org.br> com mais de 100 variações, o que possibilita mais de 100 informações diferentes.

RFID – *radio frequency identification* (etiquetas eletrônicas)

Agora que sabemos como funciona o código de barras, vamos analisar outro identificador que é a *radio frequency identification* (RFID) ou identificação por radiofrequência. As RFIDs são também denominadas etiquetas eletrônicas ou, ainda, *smart tags* (etiquetas inteligentes) devido à capacidade de armazenar informações em um *chip* instalado em sua estrutura. Esta, na realidade, é uma das diferenças entre a RFID e o código de barras, em sua modalidade como identificador, pois este tem a necessidade de acessar um banco de dados para coletar informações pertinentes aos produtos, insumos ou serviços que estão sendo movimentados.

O acesso às informações de uma RFID é feito aproximando a etiqueta a uma antena receptora de radiofrequência. Os leitores energizam a etiqueta, que responde transmitindo a identificação ou ID e os dados contidos em seu *chip*.

As etiquetas inteligentes podem ser implantadas, por exemplo, em paletes provenientes de uma manufatura e conter informações como datas de validade, origem, destino, tipos de produtos e quantidades consolidadas no palete. Como a leitura é imediata, e com erros próximos de zero, há um incremento na velocidade dos processos de recebimento, minimizando etapas na inserção do produto no estoque, reduzindo custos e aumentando a agilidade.

O palete passa entre dois leitores que energizam as etiquetas das caixas e do próprio palete, transmitindo as informações para o sistema de recebimento do armazém. A utilização da etiqueta inteligente dispensa a interação humana para a leitura, sendo o fluxo de entrada no centro de distribuição contínuo, o que otimiza o tempo de registro e de entrada no estoque.

Em uma cadeia de suprimentos integrada, as notas fiscais são pré-cadastradas no sistema de estoque e enviadas por meio eletrônico para conferência no recebimento da carga. Com o uso de etiquetas inteligentes a conferência é automatizada, minimizando ainda mais tempos e processos.

Segundo a Sun Microsystems <www.sun.com>, a partir de janeiro de 2005 a empresa varejista Wal-Mart passou a exigir que seus fornecedores implementassem o primeiro passo da adoção da RFID, com a utilização das etiquetas inteligentes nos paletes de todos os fornecedores remetidos para qualquer unidade Wal-Mart no mundo. A Wal-Mart está usando o *electronic product code* (EPC) ou código eletrônico de produto, que é normatizado pela EPCglobal <www.epcglobal.org>.

A EPCglobal é uma *joint venture* entre a EAN International e o Uniform Code Council, que fornece o suporte ao código EPC para indústrias de qualquer parte do globo, garantindo a integridade de informações e a unicidade de códigos. A estrutura de numeração fornecida pelo EPC possibilita gerar códigos para até

268 milhões de empresas, 16 milhões de produtos por empresa e até 68 bilhões de números de série por produto.

No Brasil existe um grupo formado pela Companhia Brasileira de Distribuição (CBD) — *holding* dos supermercados Pão de Açúcar, Extra, Sendas e Compre Bem (Grupo Pão de Açúcar) —, Gillette, Procter & Gamble, CHEP — que é provedora de *pooling* de paletes e contêineres — e Accenture com o objetivo de adotar a RFID no país <www.consumidormoderno.com.br>. A primeira fase dos estudos visa à adoção da etiqueta, por parte dos fornecedores, nos paletes que irão suprir os varejistas.

O padrão adotado pelo grupo para a codificação foi o EPC, o mesmo do Wal-Mart, possibilitando que os códigos utilizados nas manufaturas brasileiras possam ser lidos em qualquer lugar do mundo. Os estudos visam analisar, a partir de experiências práticas, quais são as oportunidades e os impactos gerados pela implantação da RFID na cadeia de suprimentos.

O primeiro estudo, realizado com mil paletes durante seis meses e encerrado em fevereiro de 2005, obteve resultados positivos, alcançando 97% de assertividade na leitura.

Outra vantagem observada nos estudos foi a eficácia do rastreamento da carga transportada entre o fornecedor e o varejista, que possibilitou agilizar os processos operacionais nos depósitos, com o prévio conhecimento do momento exato da chegada da carga ao centro de distribuição.

A expectativa do grupo é ampliar o raio de aplicação da tecnologia para outros segmentos da cadeia. A RFID, adotada inicialmente nos paletes, deve se estender para caixas, produtos e, finalmente, processos na cadeia de abastecimento.

A adoção da RFID nos produtos deverá gerar diversas mudanças no processo de comercialização, pois vários passos necessários à conclusão de uma compra pelo consumidor poderão ser otimizados ou extinguidos. Por exemplo, em um supermercado no qual todos os produtos possuam a etiqueta eletrônica, o cliente, ao passar no *check-out*, não precisará retirar os produtos do carrinho, pois eles serão lidos e contabilizados automaticamente. Cada compra representará um grupo de informações que serão repassadas, online, para o sistema de suprimentos da empresa e, depois de consolidadas e analisadas, retornarão com diversos parâmetros. Assim, com base na duração de um estoque, o sistema pode disparar automaticamente uma ordem de compra, minimizando, com isso, quebras de gôndolas e proporcionando um excelente nível de serviço para os clientes.

O mesmo pode ser realizado com o código de barras, porém, com a maior assertividade e velocidade de leitura da RFID, todo o processo poderá ganhar mais confiabilidade, automatizando o processamento dos pedidos e integrando toda a cadeia de suprimentos.

Em uma cadeia de suprimentos integrada, todas as informações são repassadas para seus participantes (distribuidor, departamento de compras, manufatura e outros varejistas, por exemplo). Os dados enviados a cada nova interação permitem programar o nível de produção próximo da demanda real, minimizando o custo de oportunidade gerado pelos altos estoques. Associando o conhecimento da demanda às informações do *lead time* de cada fornecedor para cada varejista, é possível reduzir ao máximo os inventários localizados nas lojas, sem prejudicar o nível de serviço. Esse procedimento oferece ainda a oportunidade de reduzir a área dos estoques, minimizando os custos referentes à infraestrutura física.

O maior problema encontrado na RFID é o seu alto custo, ocasionado, principalmente, pela baixa escala de utilização no mundo, tornando inviável sua adoção imediata. Outro obstáculo a ser superado é a adequação dos sistemas das diversas cadeias de suprimentos, necessária para a leitura e manipulação dessa tecnologia.

Muitas barreiras ainda devem ser vencidas para que a RFID seja amplamente adotada pelo varejo e pela indústria, porém é certo que esta tecnologia, com todas as suas vantagens, será implementada em breve por diversas cadeias de suprimentos.

Enterprise resource planning (ERP)

Após analisar as tecnologias que possibilitam identificar os produtos veremos o sistema empresarial integrado denominado *enterprise resource planning* (ERP). Com um breve histórico e uma análise das possibilidades em relação à gestão e à logística que esse sistema pode proporcionar para uma empresa.

No começo dos anos 1950 as empresas geravam estoques para satisfazer à demanda mantendo produtos armazenados. Os estoques eram considerados ativos, minimizando seus custos. A evolução da informática possibilitou a criação de métodos de gerenciamento de materiais e o surgimento do *material requirement planning* (MRP) (Meira Jr. et al., 2002).

O MRP permitia às empresas calcularem com maior precisão as necessidades de demanda nos momentos certos, reduzindo estoque excessivo, minimizando custos logísticos. O MRP passou a planejar materiais, recursos e insumos de diversos setores de uma organização, tornando-se mais integrado, passando a ser denominado planejamento dos recursos de manufatura ou *manufacturing resource planning* (MRP II). O MRP II permitiu que fosse analisada a necessidade de matéria-prima, além das financeiras (Slack, 1999).

No início dos anos 1990 o tempo de ressuprimento passa a ficar cada vez menor, sendo necessária a adoção do *just-in-time* aliado a parcerias com os fornecedores, para manter apenas o estoque necessário para a produção em um espaço muito curto de tempo (Meira Jr. et al., 2002). A constante redução de inventário vem ocorrendo devido à necessidade de inovação que passou a ser primordial para uma empresa manter-se no mercado, sendo necessários constantes lançamentos de novos produtos e serviços para satisfazer aos consumidores cada vez mais exigentes (McKenna, 2002). Esse cenário aumenta o risco de obsolescência dos produtos e insumos, tornando o custo do estoque cada vez maior.

Para melhorar a performance e agilidade nas tomadas de decisão, tornou-se necessário que as informações passassem a estar integradas e estruturadas, sendo primordial armazená-las em um único repositório de dados. Surgiu então o ERP, que acrescenta diversas funções ao MRP II, sendo elas: planejamento de recursos para a empresa, inclusive projetos; armazenamento de dados; planejamento de material; planejamento de capacidade e comunicação de dados (Meira Jr. et al., 2002).

Enterprise resource planning (ERP) ou planejamento de recursos empresariais são pacotes de gestão empresarial que possibilitam a automação e a informatização integrada de uma organização, dando suporte ao gerenciamento dos negócios.

A tecnologia ERP tem como um de seus principais conceitos a implantação de uma base de dados única, integrando os diversos módulos ou subsistemas desse pacote de gestão.

O que é na realidade a gestão empresarial? Pode-se conceituá-la como o processo de otimização das atividades e procedimentos operacionais e gerenciais, planejamento de investimentos atuais e futuros, análise dos retornos e flexibilização de perenidade e crescimento da empresa. A gestão empresarial com ERP significa uma administração geral com o uso dos recursos deste software integrado, minimizando, por exemplo, o tempo de acesso às informações (Barbieri, 2001).

O ERP pode integrar informações logísticas, financeiras, de produção, administração de RH, contabilidade, entre outras, como mostra a figura 25.

Figura 25

INTEGRAÇÃO DOS MÓDULOS DO ERP

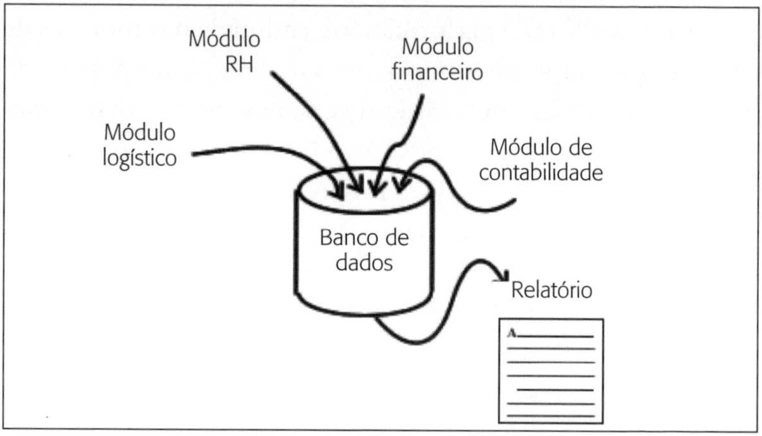

O ERP permite que diversas informações dos processos, que necessitem de matéria-prima e de recursos humanos, sejam visualizadas de forma consolidada e rápida, facilitando a tomada de decisão pelos gestores. Os executivos das empresas podem saber, pelos relatórios emitidos pelo ERP, quanto de recurso é necessário para que cada unidade de negócios implante, por exemplo, um novo projeto. Nesses relatórios apresenta-se quanto será gasto de matéria-prima e quantos recursos humanos serão necessários para cada processo produtivo.

Esse software integrado registra e trata diversas informações oriundas das funções empresariais básicas. Elas são armazenadas e disponibilizadas para todos na empresa que delas necessitam, distribuídas por níveis estratégico, tático e operacional.

O uso do ERP está crescendo devido à complexidade de gerenciar as múltiplas informações fornecidas pelo mercado, geradas por uma concorrência cada vez mais acirrada, que deixa de ser regional para se tornar globalizada. Com o aumento do número de *players*, de diversas partes do mundo, o mercado passa a ser inundado com uma variedade cada vez maior de produtos. Esse aumento de variáveis impossibilita a tomada de decisão com rapidez, sem o apoio de um sistema integrado de gestão. Esse tem sido um dos principais motivos pelo qual o ERP vem se tornando necessário para manter uma empresa competitiva.

O ERP pode ser uma excelente fonte de informações para otimizar processos logísticos. Fornece a demanda em tempo real, por exemplo, de uma manufatura. Com isso, tornam-se viáveis as melhores soluções para reabastecimento de uma empresa, melhorando o grau de disponibilidade do insumo sem, no entanto, manter altos estoques. Podemos integrar entrada de insumos e expedição dos produtos com o ERP, permitindo melhor gerenciamento dos armazéns. Os *inputs* do centro de distribuição podem ser feitos pelas tecnologias de código de barras ou radiofrequência, minimizando os erros e aumentando a acurácia das informações.

Dentro de uma cadeia de suprimentos, ao integrar os diversos ERPs dos vários fornecedores da cadeia produtiva com o varejo (figura 26), pode-se otimizar todo o processo de abastecimento e suprimento, possibilitando uma redução nos custos logísticos, diminuindo os estoques sem queda no nível de serviço.

Figura 26

INTEGRAÇÃO DA CADEIA DE SUPRIMENTOS

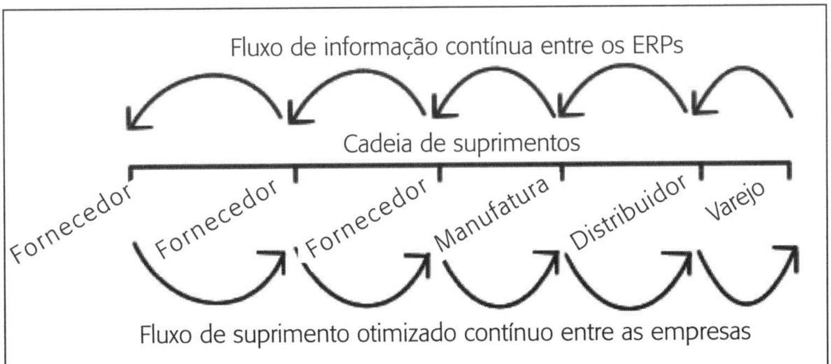

O relacionamento entre empresa e consumidor suportado pelo *customers relationship management* (CRM) pode, se integrado ao ERP, melhorar diversos serviços prestados aos clientes, como, por exemplo, fornecimento de produtos personalizados para cada região, com rapidez, a custos acessíveis. Isso seria possível devido à velocidade de permear as informações por toda a cadeia, possibilitando aos fornecedores estarem sempre preparados para responder às tendências de mercado.

Warehouse management system (WMS)

Um dos diversos cuidados que uma empresa, por exemplo, de *e-commerce* deve possuir é informar com precisão se existe ou não um determinado produto em seus estoques. O erro nesse procedimento transmite insegurança para os clientes, além de gerar outros transtornos, como a maior espera pelo produto comprado ou ainda a necessidade de estornar a compra no cartão de crédito.

O controle de estoque vem se tornando cada vez mais complexo devido à tendência de compra pelos clientes do varejo, de produtos cada vez mais inovadores e diferenciados (McKenna, 2002), provocando o aumento do número de itens de um centro de distribuição (CD). Podemos citar, como exemplo, a loja virtual Submarino, que aumentou o número de itens de 400 mil em 2001 para 820 mil em 2002, segundo o ex-presidente da empresa, Murilo Tavares. Para armazenar essa quantidade de produtos foi necessário adquirir um CD de 8 mil m^2 (figura 27) com aproximadamente 12 km lineares de prateleiras, de acordo com Murilo.

Figura 27

CENTRO DE DISTRIBUIÇÃO DO SUBMARINO.COM

Fonte: Submarino.com.

A gerência de um CD desse porte torna-se complexa e sujeita a diversos erros quando feita manualmente ou com um sistema de gestão precário. A necessidade do uso de sistemas de informação que facilitem a localização dos produtos dentro dele passa a ser primordial para minimizar erros.

Para dar suporte ao sistema de informação é necessário primeiramente organizar o CD com endereços das prateleiras, dividindo-o em ruas, andares, corredores, lado, pilha e nível, por exemplo (Gurgel, 2000). Pode-se ver na figura 28 um exemplo de endereçamento de uma prateleira em rua, andar e coluna.

Figura 28

ENDEREÇAMENTO

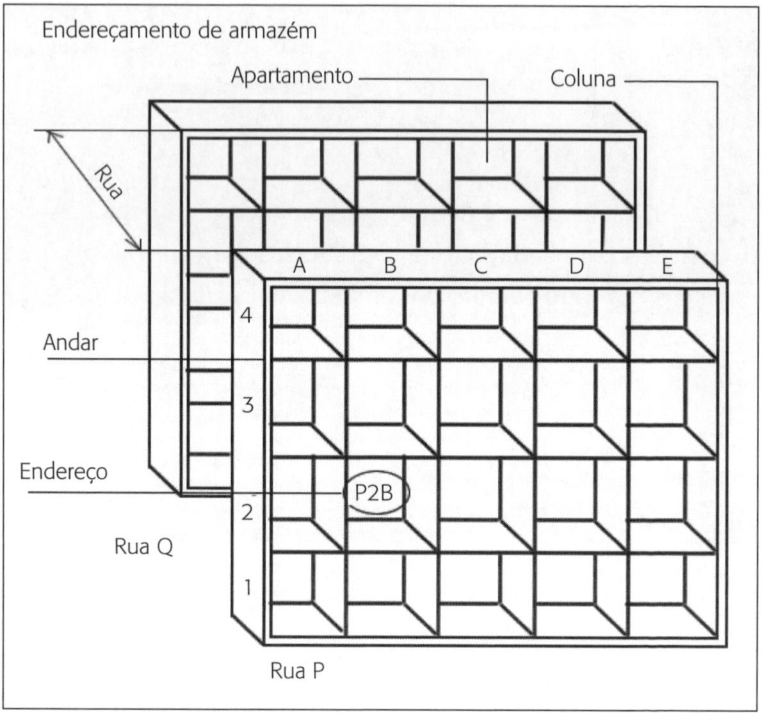

As coletas (*picking*) são realizadas muitas vezes com coletores de dados com obtenção das informações a partir de códigos de barras e transmissão online por radiofrequência (Lacerda, apud Fleury, Wanke e Figueiredo, 2000). Esse procedimento aumenta a velocidade no atendimento dos clientes e minimiza erros, melhorando a produtividade. Para que todos esses processos sejam cumpridos sem erros é necessária a gerência de um sistema de informação denominado *warehouse management system* (WMS) ou sistema de gerenciamento de depósitos e armazéns.

O WMS tem a capacidade de gerenciar movimentações de mercadoria, recebimentos de produtos ou insumos, separações, expedições, roteirização de *picking*, entre outras atividades logísticas. Os eventos são registrados em tempo real, identificando o operador ou equipamento que realizou a tarefa, possibilitando o registro de todas as ações realizadas em um CD.

Um WMS deve calcular também quais embalagens são necessárias para acondicionar as diversas mercadorias a serem enviadas para um cliente, possibilitando a emissão de listagem do conteúdo e pesos bruto e líquido de cada embalagem. Posteriormente, é calculada a ordem de entrada das embalagens no caminhão, de forma que a entrega final obedeça a uma rota preestabelecida, sendo retirada a carga, em seus destinos, de maneira sequencial. A carga mais próxima da porta será a primeira a ser entregue, sendo a posterior a próxima a ser retirada e assim por diante. Para isso, o WMS permite cadastramento das rotas dos clientes da empresa.

Para uma integração com a empresa, o WMS necessita passar parâmetros para o ERP. O WMS se integra ao sistema ERP para transacionar as seguintes informações: cadastro de materiais, carteiras de pedidos de clientes e de fornecedores, contabilidade de estoques, planejamento de compras e de produção, sistemas de transportes, tempo que um produto permanece em estoque etc.

Essa integração pode melhorar a visibilidade do departamento de compras em relação às decisões sobre o momento de suprir os estoques. O marketing pode também se beneficiar desses dados tomando decisões a respeito de quando e como devem ser feitas as promoções de estoques que estão muito tempo sem girar.

Quadro 8

TV POR ASSINATURA SKY

Para atender com qualidade e rapidez a um universo de 708 mil assinantes em todo o Brasil, a Sky, empresa de TV por assinatura via satélite, requer uma rede de sistemas de informação bastante profissional e confiável. Até julho de 2001, todo o estoque, armazenagem e distribuição eram feitos de forma manual, com controle via planilha eletrônica Microsoft Excel. Com o objetivo de sanar esse problema, a operadora contratou a empresa Inovatech, especializada em consultoria e desenvolvimento de sistemas de informação, para implementar um WMS no seu centro de distribuição no bairro da Barra Funda, em São Paulo. O projeto teve início em julho de 2000 e foi implantado em novembro. O armazém da Sky trabalha com um número relativamente pequeno de itens, mas com giro rápido.

A empresa tem um ERP e um sistema que controla a disponibilidade da programação para os assinantes, que se acoplam ao WMS complementando o sistema de suporte ao cliente.

Os eventos que deveriam ser controlados pelos sistemas possuem os seguintes passos: quando um cliente solicita uma assinatura, seu pedido é registrado em um arquivo no ERP, que emite a nota fiscal. O WMS importa esse pedido. Posteriormente, é feita a conciliação entre a solicitação do cliente e a composição exata do *kit* pedido. É, então, gerada uma etiqueta com código de barras, que identifica a mercadoria e é também vinculada à entrega a uma das transportadoras terceirizadas. Feita a entrega, a transportadora devolve, para a Sky, a informação, que fica disponível para a central de vendas. Só com a confirmação da entrega é que a operadora pode efetivar a compra, instalando o equipamento e liberando o sinal. Na hora da instalação, o cliente recebe o cartão de assinante, cujo código deverá ser vinculado ao número do equipamento, e só assim o sinal será habilitado. Essa operação também é gerenciada pelo WMS.

A implantação desse sistema trouxe solução imediata para um problema bastante crítico: o prazo de entrega dos *kits*. O prazo girava em torno de seis a sete dias, e após a implementação do sistema passou para, no máximo, três dias.

O WMS também permite controlar os fretes. Existem entregas bastante pulverizadas e o sistema de frete permite que a empresa cadastre rotas, origem e destino das entregas. Em paralelo, são cadastradas as tabelas de

continua

preços das transportadoras terceirizadas. Quando o software recebe a informação de que uma nota foi expedida, automaticamente calcula o frete e deixa esse dado armazenado. No momento em que a transportadora fecha o mês e envia a cobrança para a Sky, essa informação é lançada no sistema e pode então ser feita a confrontação dos dados. Dessa forma, a empresa consegue monitorar todos os pagamentos, independentemente de origem e destino das entregas.

O WMS comprado pela Sky permite o gerenciamento do material promocional. Trimestralmente são feitos cerca de 5 mil envios, em que são encaminhados todos os tipos de brindes, desde um chaveiro a um carro, chegando próximo a 200 itens. Na campanha publicitária da Copa do Mundo, por exemplo, foram enviadas aproximadamente 200 toneladas de material promocional.

Fonte: Skynet: <www.sky.com.br>.

Efficient consumer response (ECR)

O ECR é uma solução que tem como objetivo coordenar as trocas de informações entre indústria e varejo, implementado principalmente no setor alimentício, tendo entre seus principais usuários os supermercados. Ele possibilita o estabelecimento de um fluxo de informações entre indústria e cliente, informando as demandas em tempo real nos PDVs (pontos de venda).

O ECR permite otimização e sincronia na cadeia de suprimentos, possibilitando, por exemplo, determinar os pontos exatos relativos à quantidade e ao momento de reabastecimento de cada unidade, minorando o problema de estoques superdimensionados. Com as informações obtidas em tempo real é possível saber ainda as características de cada empresa, compreendendo melhor o *mix* adequado de produtos para cada supermercado. Na realidade, podemos obter o comportamento de cada região dimensionando melhor os estoques e mantendo bons níveis de serviços com baixos níveis de inventários. A consequência imediata é a redução das perdas, principalmente de produtos perecíveis.

Essas informações podem permitir uma otimização no transporte de carga, armazenagem e estocagem, reduzindo os custos logísticos tanto do cliente quanto do fabricante.

O ECR é, na verdade, um compartilhamento intensivo de informações entre fabricante e varejista, possibilitando melhoria nos tempos de respostas para as variações de demandas ocorridas no mercado. Podemos, também, compreender as sazonalidades de cada item, o que permite dimensionar quando, quanto e onde se deve suprir.

As trocas de informações entre os parceiros necessitam, no entanto, de tecnologias de transmissão de dados como a internet e o *electronic data interchange* (EDI) ou intercâmbio eletrônico de dados. Essas tecnologias permitem a transmissão eletrônica em tempo real, para os fabricantes, do consumo do PDV na medida de sua ocorrência, disparando o processo de reposição do estoque consumido.

Para que todos os processos sejam realizados de forma correta é importante a integração do ECR com o WMS e com o ERP. Esse conjunto de sistemas de informação possibilita que as ações ocorram sem erros. A solicitação do pedido é processada após o produto passar pelo *check-out* e há uma verificação no ERP, por meio do WMS, do nível de estoque, de acordo com a figura 29. Compara-se o tempo de inventário com o de reposição; se ambos forem iguais, é solicitado pelo cliente o reabastecimento para que sempre seja mantido o alto nível de serviço.

Figura 29

INTEGRAÇÃO ENTRE O ECR + ERP + WMS

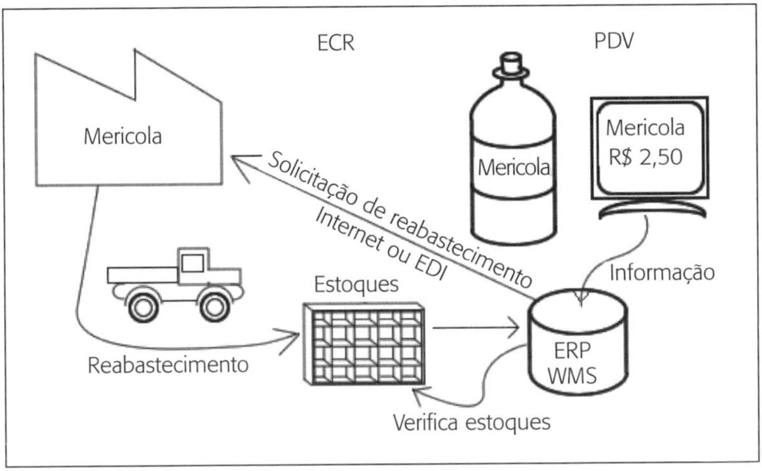

Quadro 9

FÁBRICA DE PAPEL SANTHER

Um projeto entre a Santher, fabricante de papéis descartáveis e dona das marcas Personal e Snob, e a Companhia Brasileira de Distribuição (Pão de Açúcar, Extra e Barateiro), em São Paulo, traz benefícios também para o consumidor. Em alguns casos, a eficiência aumentou em até 150%.

Medidas e ações em parceria envolvendo transporte e recebimento dos produtos da fábrica até o centro de distribuição da rede de supermercados apresentaram aumento de até 150% nos índices de eficiência em alguns casos. Para o consumidor, o resultado direto é a melhoria da qualidade de atendimento, representada por gôndolas sempre abastecidas, maior sortimento de produtos e preços justos. O projeto parte de um conjunto de metodologias adotadas pela indústria e varejo para aumentar a eficiência de seus processos e trazer benefícios para os consumidores; é conhecido como *efficient consumer response* (ECR) ou resposta eficiente ao consumidor, consistindo na padronização de unidades de carga (paletes) e caminhões, de modo a agilizar o processo de carregamento dos produtos da fábrica para os caminhões, transporte e descarregamento

continua

no centro de distribuição. Também foram determinados horários específicos para a realização das entregas durante a noite, de modo a evitar o trânsito e consequentes atrasos. Somente essas medidas reduziram em quase 80% o tempo do processo de recebimento/descarregamento das mercadorias. Em relação ao índice de produtividade palete/homem/hora, medida envolvendo o tempo que os funcionários levam para carregar/descarregar as unidades de carga, a melhoria foi de quase 150%. O tempo médio de permanência do caminhão da Santher no centro de distribuição da CBD, por exemplo, envolvendo desde a chegada do veículo, manobra para a doca, descarregamento, conferência da carga e liberação, caiu de seis horas para 1h e 50 min. Ou seja, um ganho de 70%. Já o aumento de produtividade no carregamento no próprio centro de distribuição da Santher foi ainda maior. Por já dispor de cargas paletizadas e normas de prioridade de carregamento, o tempo médio de permanência do caminhão foi reduzido de sete horas para 1h e 34 min, representando ganho de 78%. Para chegar a esses resultados foi necessário um amplo trabalho de coordenação entre as áreas logísticas não só das duas empresas, mas também da transportadora (no caso, a Michelon) de modo a garantir a implementação dos padrões.

Fonte: <www.santher.com.br>.

Vendor management inventory (VMI)

A evolução da tecnologia reduziu muito o tempo de projeto de novos produtos. A consequência é o crescente aumento das inovações, que afeta diretamente o ciclo de vida desses mesmos produtos. A previsão de demanda passa a ser então um dos grandes problemas para as empresas. O erro pode ocasionar peças encalhadas nas prateleiras, o que reduz a rentabilidade.

Quadro 10

General Motors

Devido a esse fato, a subsidiária brasileira da General Motors decidiu repensar o processo de suprimento de suas concessionárias. Cerca de 30% do inventário das 445 concessionárias Chevrolet não gira, tornando as peças, com o tempo, obsoletas. Estima-se que a cada 100 peças requisitadas nessas mesmas revendas, 15 não sejam encontradas na prateleira.

continua

Para tentar minimizar esse ônus, a GM e a Saab resolveram se responsabilizar pela administração do estoque de suas concessionárias, criando o AutoGIRO — autogerenciamento de inventário e reposição otimizada. O sistema baseia-se na internet e procura implementar o suprimento com a filosofia *just-in-time*.

Com a adoção do AutoGIRO pelas concessionárias, o processo de reabastecimento foi modificado, fazendo com que as peças sejam repostas logo que são vendidas. Essa técnica de gerência de estoques é denominada VMI. Quem passa a controlar os estoques não é mais a concessionária, e sim a GM.

Para operacionalizar o AutoGIRO é necessário que haja uma captura diária da posição do estoque de todas as concessionárias que estão conectadas à GM em uma extranet. Com base nos padrões históricos de vendas de cada uma delas, o sistema sugere a quantidade de reposição item por item. O distribuidor, no caso a GM, passa a fazer entregas mais frequentes. Com isso, os pacotes são formados por vários itens, entregues em pequenas quantidades. O custo logístico também é diluído, porque os roteiros são otimizados com o reabastecimento de diversas concessionárias por um único caminhão.

O AutoGIRO foi adotado por 80 revendas Chevrolet. Em nove meses, houve redução de 18% nos investimentos em estoques em algumas concessionárias. Em outras, houve um aumento de 30% no giro de peças. O índice de disponibilidade para o consumidor de peças foi elevado de 85 para 93%.

O VMI é, na realidade, um processo em que empresas passam a gerenciar os estoques de seus clientes promovendo demanda puxada. Para que se possa realizar tal tarefa é necessário que o fornecedor conheça a estimativa de demanda de seus clientes. As montadoras vêm implantando o CRM em seu processo de relacionamento com os clientes, passando a conhecer as demandas melhor do que as próprias concessionárias.

O AutoGIRO vem reforçar ainda mais essa visão, possibilitando que a GM planeje toda a cadeia, reduzindo assim seu inventário de peças. Nesse processo, a demanda por peças passa a ser puxada, sendo o cliente o *input* necessário para que o processo produtivo seja iniciado.

Fonte: <www.ibmecrj.br/sub/RJ/files/ADM_rosangelasantos_jul.pdf>.

Neste capítulo percebemos a importância da tecnologia da informação como suporte para a logística e para o marketing. A mudança de cenário que vem ocorrendo nos últimos anos foi alicerçada pelo avanço global de empresas de diversos portes, proporcionando concorrência cada vez mais acirrada. A logística, por sua vez, vem se tornando uma arma estratégica que possibilita às empresas suprirem e distribuírem com maior velocidade e precisão, fugindo da obsolescência de seus produtos causada pela redução do ciclo de vida. No próximo capítulo serão estudados os canais de distribuição, sendo explicitada sua importância nos processos de melhoria do nível de serviço ao cliente.

4

Canais de distribuição

Existem diversas maneiras de um consumidor tomar a decisão de compra de um bem ou serviço, e a disponibilidade do produto no ponto de venda (PDV) é uma delas. Para alguns produtos com demanda inelástica, como, por exemplo, insumos agrícolas, a presença do produto na gôndola do supermercado é primordial, pois ele é comprado por necessidade e não pela marca, sendo facilmente substituído. Por outro lado, produtos focados na qualidade podem também ser trocados caso não estejam ao alcance imediato do consumidor, dando chance ao concorrente de ampliar sua base de clientes.

No entanto, colocar os produtos nos armazéns, bares, supermercados, entre outros, depende de uma série de passos que se iniciam com o produto sendo extraído *in natura*, passando por manufaturas e chegando ao cliente nos PDVs. Todos esses passos formam a cadeia de suprimentos.

Essa cadeia pode ser vista de duas formas: antes e depois da manufatura que transforma a matéria-prima no produto acabado. Podemos chamar de logística de suprimentos (figura 30) o abastecimento de matéria-prima na manufatura e de logística de distribuição, também denominada canal de distribuição, quando se leva o produto acabado para o varejo (Novaes, 2001).

Figura 30

Cadeia de suprimentos

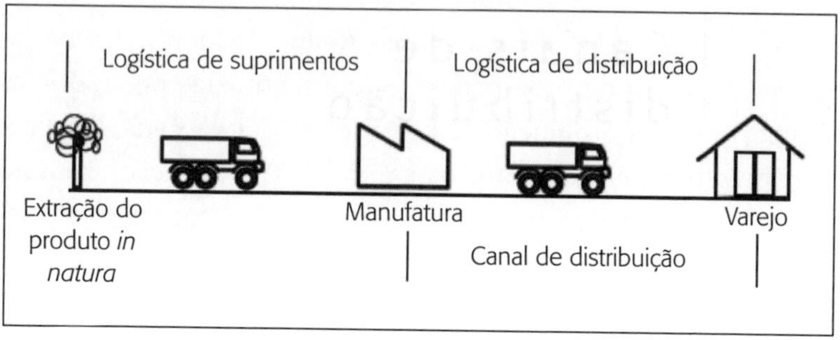

Este capítulo tem o objetivo de estudar a cadeia de distribuição e suas influências sobre o varejo, porque o correto dimensionamento dos canais de distribuição pode minimizar diversos problemas, como, por exemplo, a perda de vendas por falta do produto, ou o excesso de estoque por erro no modelo de distribuição e previsão de demanda. Um canal de distribuição bem-estruturado proporciona um bom nível de serviço na disponibilização para o mercado. Uma das consequências é a possibilidade de melhoria no índice de retenção dos clientes, pois este pode ser visto como um dos valores agregados ao produto. Na prática, ao disponibilizar o produto pretendido com facilidade em uma determinada loja, a empresa constrói uma barreira de saída do consumidor. Pois, em muitos casos, mesmo pagando preço *premium*, a comodidade e a certeza de achar o que se quer podem ser determinantes na decisão de compra.

Outros benefícios podem ser atribuídos aos canais de distribuição como, por exemplo, a vantagem competitiva sustentável (Rosenbloom, 2002).

Com o avanço da tecnologia e a rápida transferência e aquisição de *know-how*, os produtos inovadores lançados por uma empresa são rapidamente copiados pelos concorrentes, tornando o produto um atributo competitivo pouco sustentável. O preço torna-se um complexo fator competitivo em um ambiente no qual a concorrência busca a cada dia otimizar seus custos, reduzindo de forma efetiva suas margens de lucro. Devido ao grande número de promoções e mídias expostas por todos os concorrentes, a promoção vem tendo resultados cada vez mais inexpressivos. No entanto, os canais de distribuição, quando bem-dimensionados, tornam mais complexa a cópia pelos concorrentes, porque envolvem diversos membros de uma cadeia de suprimentos, sendo necessário um grau de relacionamento e estrutura previamente desenvolvidos. Para se alcançar essas variáveis é necessário tempo para o projeto e implantação, gerando uma barreira de entrada para o concorrente e, consequentemente, uma vantagem competitiva sustentável.

Intermediários

Os intermediários são empresas independentes que dão suporte ao processo de distribuição de uma determinada manufatura, possibilitando a capilarização dos produtos. Os intermediários operam como atacadista e varejista (Rosenbloom, 2002).

Os atacadistas são empresas cujo objetivo nos canais de distribuição é a revenda de produtos adquiridos de indústrias. Os clientes tradicionais são pequenos comércios que não possuem volume de demanda que lhes possibilite negociar direto com as manufaturas. Um atacadista tradicional no Brasil é o Grupo Martins, de Uberlândia, que abastece grande parte dos pequenos varejos em todo o território nacional.

Atacadistas tradicionais são empresas que se dedicam a comprar, assumir propriedade, armazenar e manusear produtos em grandes quantidades, para que possam ganhar capacidade de barganha com as manufaturas. Posteriormente, tais produtos são revendidos aos pequenos varejistas, empresas industriais ou outros tipos de instituições (Rosenbloom, 2002).

Os atacadistas tradicionais desempenham as seguintes tarefas para os fabricantes: fornecer cobertura de mercado, fazer contatos de venda, manter estoques, processar pedidos, reunir informações do mercado, oferecer suporte aos clientes.

Para os clientes, o atacadista possui os seguintes atributos: garantir a disponibilidade dos produtos, fornecer serviço ao cliente, estender crédito e auxílio financeiro, oferecer conveniência e sortimento, fragmentar volumes; dar suporte técnico ao cliente.

Características e funções

Não seria mais fácil para a indústria oferecer, ela mesma, seus produtos aos clientes finais em vez de vendê-los para uma loja? Uma das características do varejo é a diversidade de produtos que ele oferece para o consumidor. Esse *mix* possibilita a escolha do produto que melhor satisfaz a necessidade de cada pessoa. Para uma manufatura concorrer no mercado de varejo deveria, então, oferecer produtos de seus concorrentes para compor o *mix* de produtos, aumentando a complexidade da operação.

Em um ambiente cada vez mais competitivo onde o foco é o *core business*, o varejo demandaria recursos e esforços que poderiam ser gastos no desenvolvimento de novos produtos (Novaes, 2001). Isso não implica que uma manufatura não possa oferecer produtos diretamente ao consumidor. Existem algumas empresas como, por exemplo, a Dell Computers, localizada em

Eldorado do Sul (RS), que oferece seus produtos diretamente ao mercado por dois canais de venda específicos: a loja virtual e o *call center*. Os canais de venda física foram eliminados, sendo estes os únicos meios possíveis de se adquirir seus computadores. Por ser um produto tecnológico focado em nichos específicos e ter uma marca já conhecida internacionalmente, a empresa obteve sucesso em sua empreitada no Brasil.

Pode ser mais rentável e menos oneroso, para determinados segmentos, especializar-se em uma atividade específica e comercializar suas competências (*core competence*) do que atuar em diferentes áreas para cobrir todo o processo de produção e entrega de um produto ou serviço.

Para se entender melhor o canal de distribuição, ele deve ser analisado pela ótica da logística, do marketing e de vendas. Para logística, distribuição física é um conjunto de processos operacionais coordenados que possibilitam levar os produtos da manufatura até o PDV, chegando ao consumidor final. O marketing e as vendas procuram analisar o aspecto de serviços associados ao produto, responsáveis pela composição da cadeia de distribuição (Novaes, 2001).

O modo como os canais de distribuição são concebidos depende, diretamente, da estratégia competitiva de atuação da empresa. Novos tipos de canais com atenção cada vez mais dirigida ao consumidor final surgem como resultado de um ambiente cada vez mais competitivo. O uso da tecnologia da informação melhora o entendimento sobre as necessidades pontuais dos clientes, possibilitando saber qual a maneira mais rápida de se colocar o produto certo na hora certa no PDV. Ao estabelecer um canal de distribuição para seus produtos, uma empresa almeja, entre outras coisas (Novaes, 2001):

- garantir a disponibilidade dos produtos nos locais onde de fato serão consumidos. Para isso, é primordial identificar quais os consumidores certos para cada tipo de produto de uma determinada manufatura. O marketing de relacionamento pode obter informações pertinentes ao mercado, identificando o padrão de consumo de cada região, minimizando erros de demanda;

- maximizar o potencial de vendas do produto trabalhando-o nos PDVs, determinando a posição mais adequada do produto nas lojas;
- desenvolver uma cadeia de suprimentos integrada e participativa, trocando informações precisas que melhorem a visibilidade de todos sobre as demandas reais. Isso permite aos participantes da cadeia estruturar-se, provendo os recursos necessários.

Para conseguir o retorno esperado de um canal de distribuição, deve-se entender que ele desempenha quatro funções básicas, que dizem respeito ao contato direto com o consumidor final: indução da demanda, satisfação da demanda, serviços de pós-venda e troca de informações (*feedback*).

Tipos de canais

Os canais de distribuição podem ser classificados como vertical, híbrido e múltiplo (Novaes, 2001).

Canais verticais

Nos canais verticais a responsabilidade sobre o produto é transferida de um intermediário para o próximo, ao se repassar o produto. O varejista, geralmente, é o último da cadeia e o único que tem contato direto com o consumidor final. Nesse tipo de canal, a coleta e a interpretação dos dados a respeito do consumidor são realizadas pelo último membro da cadeia. As tendências de demanda são, então, geradas pelos varejistas, que muitas vezes as estimam em vez de determiná-las, por causa do alto custo de implementação. Com o aumento da variedade de produtos ofertados, a compreensão dos padrões de consumo torna-se ainda mais complexa.

Por desconhecer as demandas, esse canal trabalha eminentemente com estoque empurrado, gerando estoque em cada intermediário, que funciona como pulmão (*buffer*), permitindo sempre um bom nível de serviço, porém com custo alto.

Entretanto, com a evolução da tecnologia as empresas passaram a adotar o conceito de *supply chain management* (SCM). O SCM aprimora o conceito de cooperação entre os membros de uma cadeia de suprimentos, permitindo uma intensa troca de informações, possibilitando o melhor entendimento de todos os processos e necessidades pertinentes ao canal. Em vez de escolher os intermediários da cadeia para chegar ao consumidor final, parte-se do consumidor, determinando, de acordo com as funções do canal, os melhores intermediários e fornecedores.

A informação precisa traz a concepção da manufatura flexível, fabricando lotes menores com custos mais reduzidos.

Esse tipo de canal permite à empresa obter dados diretamente dos consumidores, melhorando seu relacionamento com o cliente e o dimensionamento real da demanda. Com esses dados é possível também gerar padrões de consumo que possibilitem modelar tendências futuras de consumo.

A adoção da loja virtual ou de *call center* pode reduzir os intermediários de um canal vertical, tornando-o mais curto, como se pode ver na figura 31.

Figura 31

Tipos de canais verticais

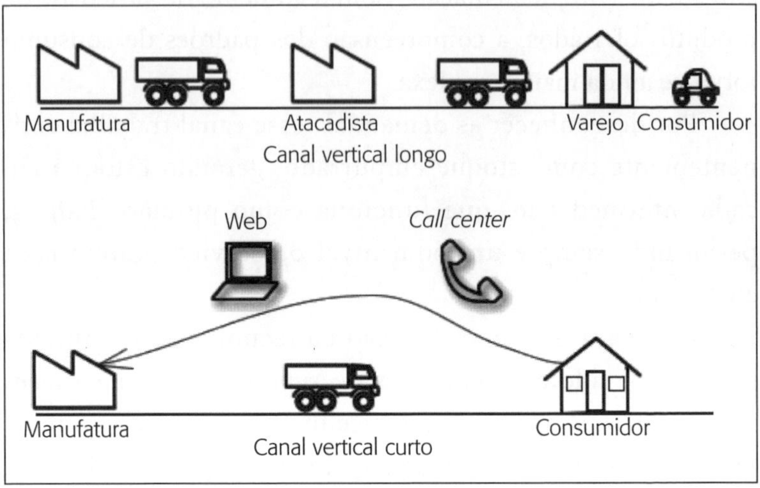

A redução de intermediários pode gerar benefícios para alguns setores onde os preços dos produtos são mais altos e há necessidade de customização do bem adquirido. A escolha de um canal deve ser formulada como parte de uma estratégia competitiva para satisfazer as necessidades de um determinado grupo de consumidores considerado prioritário por uma empresa.

A multinacional francesa BIC, produtora de canetas, isqueiros e barbeadores, é um exemplo de canal vertical. A empresa é líder no Brasil na categoria de isqueiros e escrita, com participação de 75 e 60%, respectivamente. O produto atinge os mais variados PDVs, em diversas áreas geográficas, devido à estratégia de distribuição. Grande parte dos produtos é distribuída pelo atacadista mineiro Martins, que faz uma intensa troca de informações com a BIC, com o objetivo de aferir de forma contínua as demandas de mercado. Para gerenciar os estoques é usado o *vendor management inventory* (VMI), que possibilitou a melhora de 80 para 95% no nível de serviço (Bertaglia, 2003). Produtos dessas categorias dificilmente serão comercializados diretamente pela manufatura devido ao seu baixo custo, exigindo, assim, canais verticais com dois ou três intermediários. Em relação à BIC, a Martins passa a ser o intermediário entre o varejo e a manufatura.

Canais híbridos

No canal híbrido as distribuições podem ser feitas por mais de um parceiro. Esse canal se destaca por separar o processo de venda do processo de distribuição. Todo o relacionamento com o consumidor é feito pela empresa, e a distribuição, em geral, é terceirizada, como pode ser visto na figura 32.

Figura 32

CANAL HÍBRIDO

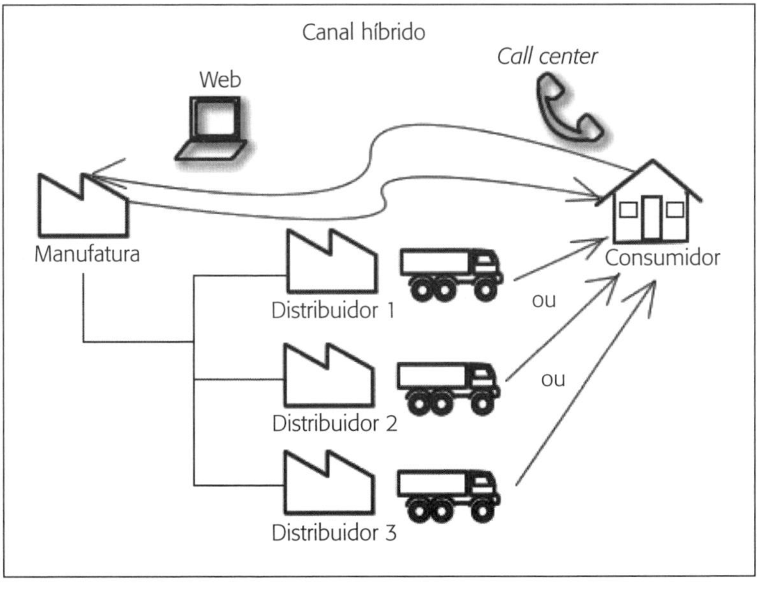

Um exemplo é a empresa Becton, Dickinson and Company, que comercializa produtos hospitalares. Por serem produtos muito específicos e com alto grau de complexidade, sua comercialização exige, por parte do vendedor, conhecimento técnico sobre eles e sobre seu uso correto. Por outro lado, os compradores em geral são instituições grandes, como hospitais, que adquirem grandes lotes. O relacionamento entre esses dois membros deve ser bem-estruturado e sem falhas, e a manufatura deve estar sempre atenta às novas necessidades do mercado. A comercialização é feita pela própria Becton, Dickinson, que contrata diversos distribuidores autorizados que fazem a entrega física. Ao hospital é permitido escolher o distribuidor que o atenda melhor (Novaes, 2001).

Por atender diversos clientes, esses distribuidores obtêm escala operacional, reduzindo o custo logístico. Isso não ocorreria com a Becton, Dickinson se ela mesma fizesse a entrega final.

A principal vantagem relacionada ao canal híbrido é o contato direto com o consumidor final, obtendo informações estratégicas que possibilitem ao fabricante determinar as tendências de demanda.

Um dos problemas encontrados no canal híbrido é a possibilidade de um dos distribuidores trabalhar para empresas concorrentes como canal vertical, ou seja, o próprio distribuidor realizar as vendas e o contato com o consumidor, como mostra a figura 33. Por obter maior margem de lucro, o distribuidor pode dar preferência às entregas dos produtos que comercializa.

Figura 33

Canal vertical *versus* canal híbrido

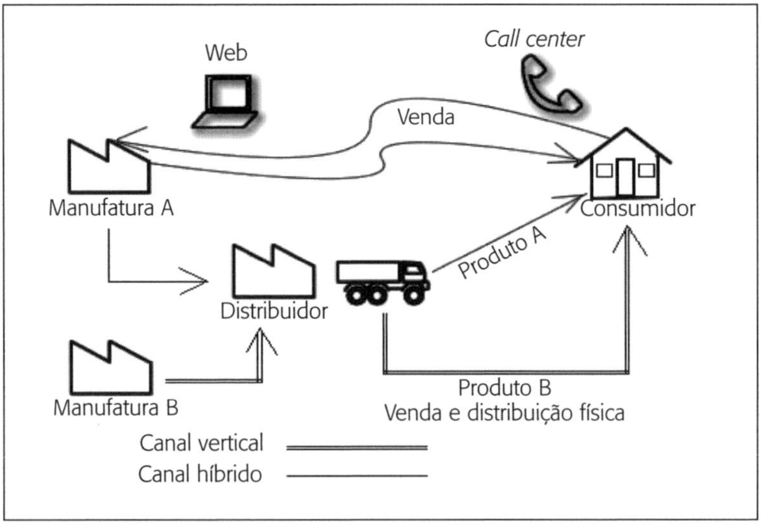

O surgimento do *e-commerce* permitiu a muitas manufaturas oferecerem seus produtos diretamente aos consumidores, eliminando assim diversos intermediários do canal vertical, podendo chegar à configuração de canal híbrido. A General Motors adotou essa filosofia para a venda de seu carro Celta, fabricado em Gravataí (RS). Em 2000, ano de lançamento, iniciou-se a venda pela web. Aproximadamente 60% dos 15.500 carros vendidos foram comercializados pela rede (Bertaglia, 2003). Em 2002, cerca de 80% foram comercializados pela internet. Para atrair os consumidores, diversos serviços agregados foram incorporados ao portal, como: customização do carro, permitindo a escolha de cor e acessórios; escolha da forma de pagamento; faturamento direto da fábrica e acompanhamento da situação do pedido.

Após a compra pela internet, o consumidor escolhe em qual concessionária deseja retirar o carro, concessionária esta que faz o papel de distribuidor em um canal híbrido. O relacionamento com os clientes vem se mostrando fundamental para que as empresas possam conhecer os hábitos de consumo de cada região, dimensionando melhor os canais em cada área geográfica.

Canais múltiplos

Outra forma de otimizar o desempenho da cadeia de suprimentos é usar mais de um canal de distribuição. A diversidade de canais ofertados aos clientes permite atingir diversos tipos de consumidores, ampliando a atuação da empresa no mercado. Uma empresa pode compor sua força de venda agregando como canais: internet, *call center* e lojas físicas, satisfazendo cada nicho específico (Novaes, 2001).

Essa diversidade pode atingir consumidores que não tenham acesso às lojas físicas, por morarem em localidades distantes. Por outro lado, os consumidores tradicionais que necessitam de um atendimento mais personalizado podem adquirir seus produtos nas lojas tradicionais. O *call center* complementa todos esses canais, atingindo nichos específicos de pessoas, bem como prospectando novos clientes.

Um problema encontrado é a possibilidade de concorrência entre os dois canais, reduzindo a rentabilidade de um deles e inviabilizando sua operação.

Propriedade dos canais de distribuição

Existe uma classificação geral dos canais de distribuição quanto à extensão e à amplitude. A extensão de um canal diz respeito à quantidade de intermediários existentes na cadeia de suprimentos, os chamados *níveis do canal*, desde a manufatura até o consumidor final (Novaes, 2001). Por exemplo, um canal composto por um fabricante e um varejista é um canal de um nível. Caso seja necessária a participação de um atacadista, será então um canal de dois níveis. Se o fabricante decidir vender seus produtos diretamente ao consumidor final, trata-se de um canal de nível zero.

Para Rosenbloom (2002), o nível dos canais, denominado por ele estrutura do canal, é a caracterização das tarefas de distribuição de cada membro. As tarefas são designadas de acordo com a especialização de cada ação, possibilitando a melhoria de eficiência em todo o processo de distribuição.

A amplitude de um canal, por sua vez, definida para cada segmento intermediário da cadeia de suprimentos, diz respeito ao número de empresas que atuam no mesmo nível de uma mesma cadeia. Existem três tipos de amplitude: distribuição exclusiva, distribuição seletiva e distribuição intensiva (Novaes, 2001).

Distribuição exclusiva

A distribuição exclusiva ocorre quando há apenas uma empresa por região demarcada pela manufatura. Esse tipo ocorre quando há exclusividade de venda de um determinado produto. Essa configuração existe, por exemplo, para produtos com emprego de alto grau de tecnologia, devendo a revenda possuir pessoas treinadas para dar suporte à venda. A distribuição exclusiva acontece também para empresas que pretendam preservar sua marca com um atendimento personalizado. Esse tipo de ocorrência é muito comum no mundo da moda, no qual existem lojas exclusivas de uma determinada grife e os vendedores passam por um processo de treinamento rigoroso antes de atender o público.

Distribuição seletiva

A distribuição seletiva ocorre quando há mais de uma firma atuando no mesmo nível e em uma mesma região, mas de forma controlada pelo fabricante ou distribuidor. O objetivo é aumentar a capilaridade de venda de um determinado produto. Esse tipo de ação existe para empresas com produtos que necessitam de algum grau de treinamento para a venda. É o caso dos telefones celulares, que podem ser encontrados em diversos tipos de lojas de varejo, porém com prévia habilitação e treinamento por parte da empresa.

Distribuição intensiva

A distribuição intensiva tem por objetivo atingir o maior número possível de localidades para que a empresa possa capilarizar ao máximo a penetração de seus produtos. Esse tipo de canal é ideal para *commodities* agrícolas ou produtos de baixo custo.

A decisão da amplitude do canal depende fundamentalmente do tipo de produto com que a empresa está lidando, que pode ser de consumo frequente, especial, ou que necessite de pesquisa antes da compra.

Os produtos de consumo frequente são aqueles sem restrição alguma para sua compra. A decisão da compra está mais ligada ao nível de serviço oferecido do que à marca. Apesar de existir uma marca de preferência, ela pode ser facilmente substituída caso não esteja disponível no momento da compra. Nesse caso, procura-se ampliar ao máximo os canais de distribuição porque a demanda está diretamente ligada à disponibilidade do produto. Adota-se, para essa categoria de produto, a distribuição intensiva.

Produtos que necessitem de prévia pesquisa para adequação de gosto, por exemplo, são adquiridos de forma mais esporádica. Esse tipo de produto, ao contrário daquele de consumo frequente, possui giro de estoque baixo, porém alta rentabilidade na venda de cada unidade. Para produtos focados na qualidade, entretanto sem o atributo marca, utiliza-se a distribuição seletiva.

Finalmente, para produtos adquiridos esporadicamente e que têm como principal foco a marca, usam-se a distribuição exclusiva e a denominação produtos especiais.

Otimização de canais

Atualmente, observa-se uma tendência à redução no tamanho dos canais. Cadeias de suprimentos mais curtas são menos onerosas e mais flexíveis, combinadas com modernas tecnologias. Muitas empresas estão encurtando seus canais de distribuição, eliminando principalmente atacadistas e distribuidores, que estão sendo obrigados a oferecer melhores serviços. No entanto, a alteração do canal de distribuição costuma ser bastante dispendiosa, principalmente quando os elementos da cadeia estão trabalhando juntos há um bom tempo. Outra maneira de otimizar o canal sem ter que encurtá-lo pode ser ajudando os intermediários a reestruturar suas operações logísticas.

Ao definir um canal de distribuição, deve-se atentar para dois aspectos essenciais. Primeiro, qual o melhor canal ou a melhor combinação de canais para alcançar os resultados desejados. Uma vez definida essa questão, pensa-se em qual a melhor forma de mantê-los operando para não divergirem de seus objetivos. Algumas etapas a serem seguidas para a criação e implementação de um canal de distribuição estão descritas a seguir.

- Inicialmente, identificar quem são os reais clientes da empresa e agrupá-los por preferências e padrões de consumo

— não devemos confundir clientes com intermediários; o cliente que devemos identificar é o consumidor final. Podemos citar a empresa Santista, que tem sua mídia focada no usuário final, apesar de seu comprador ser a confecção. Nem sempre o cliente mais próximo é o cliente final, por isso a importância de se determinar, com precisão, quem será o último elemento da cadeia de suprimentos. O agrupamento de clientes pode gerar os nichos nos quais todos os componentes possuem um mesmo padrão de consumo para um determinado produto.

- Depois de identificado o cliente, é necessário determinar quais serão as funções associadas a cada canal de distribuição — essas funções são enquadradas em oito categorias, segundo Novaes (2001): informações sobre o produto, customização do produto, afirmação da qualidade do produto, tamanho do lote, variedade, disponibilidade, serviço pós-venda e logística. Com o aumento da exigência dos consumidores a respeito dos produtos é necessário, para algumas categorias, oferecer o maior número de informações possível. Nesse segmento, os PDVs têm de ser preparados para satisfazer a todas as necessidades de informações solicitadas pelos clientes. A customização vem sendo uma das características fundamentais no mercado, que exige cada vez mais produtos personalizados; algumas dessas modificações são adequadas apenas a um mercado muito específico, cabendo ao PDV dar suporte a esse requisito. A qualidade do produto deve ser também apoiada pelos distribuidores finais para dar credibilidade a uma marca. Os lotes devem ser apropriados às solicitações de um mercado local para que eles possam se adequar em relação a preço e disponibilidade. Em alguns mercados solicitam-se diversas especificações para um mesmo produto como, por exemplo, as diversas voltagens existentes em uma mesma cidade.

- Realizar um *benchmarking* preliminar, analisando o projeto tendo como base informações sobre canais similares praticados pelos concorrentes.
- Revisar o projeto, idealizando outras possíveis soluções de canais e suas respectivas funções — nessa análise, devemos atrelar os objetivos dos canais aos objetivos estratégicos da empresa.
- Levantar os custos e benefícios do projeto e estipular a capacidade de geração de receita e de custos, bem como a necessidade de investimentos — a partir dessas informações, escolhemos a melhor opção de canal idealizada.
- Integrar o canal de distribuição às atividades da empresa; implementar o novo projeto, ajustando e adaptando a estrutura de cadeias de suprimentos da empresa para que não haja incompatibilidades, colocando em risco o planejamento de longo prazo.

Estratégias de canais de distribuição

A estratégia dos canais de distribuição refere-se aos meios que uma empresa usa para atingir seus objetivos de distribuição para o mercado-alvo. Ela é focada em seis decisões básicas de distribuição (Rosenbloom, 2002): papel da distribuição nos objetivos e estratégias da empresa; papel da distribuição no marketing *mix* (4Ps); desenho dos canais de distribuição; seleção dos canais de distribuição; gestão dos canais de distribuição; avaliação e performance dos membros dos canais.

O papel da distribuição vem sendo considerado vital para o sucesso de longo prazo da empresa, por representar uma vantagem competitiva sustentável.

O canal de distribuição deve ser concebido para ser o diferencial de uma empresa, gerando vantagem competitiva no longo prazo. Para tanto, é necessário determinar a composição dos membros desse canal, a intensidade de relacionamento entre os participantes e a extensão do *mix* de produtos comercializados por esse canal.

Porém, antes de definir a composição de um canal, devemos determinar sua importância na estratégia de vendas do produto. Se o foco for disponibilidade, por exemplo, é fundamental ter um canal de distribuição bem-estruturado. No entanto, de acordo com Rosenbloom (2002) não existe uma orientação genérica que indique quando o canal de distribuição é ou não um fator crítico. Podemos concluir que apenas a empresa pode decidir se o canal de distribuição será ou não prioritário na estratégia de um determinado produto.

A escolha dos intermediários do canal de distribuição também faz parte da estratégia. Para isso é importante determinar o tipo de produto para, então, escolher o tipo de distribuição, ou seja, intensiva, exclusiva ou seletiva. A marca de confecção Zoomp tem como principal objetivo representar um estilo de vida que agregue criatividade, inovação e dinamismo. Para que possa estampar com maior clareza esses adjetivos é necessário que a empresa tenha lojas estilizadas e adequadas tanto no visual quanto no atendimento aos clientes. É preciso, então, adequar tanto as lojas quanto os atendentes a esses critérios. Por isso a Zoomp escolheu a distribuição seletiva como estratégia, desenvolvendo lojas próprias para os grandes centros e escolhendo lojas que representem qualidade em pequenas cidades.

No entanto, não basta desenvolver o canal. É necessário gerenciá-lo para que se adapte a qualquer mudança de estratégia que a empresa possa desenvolver. Tais mudanças tornam-se comuns em um ambiente competitivo, no qual a inovação e a diversificação são variáveis primordiais para a manutenção da base de clientes.

Vimos neste capítulo que os canais de distribuição vêm se tornando uma das variáveis mais importantes para sustentar a vantagem competitiva de uma empresa. A adoção de uma estrutura coerente de canal poderá permitir à empresa ganhar capacidade de competir em um ambiente cada vez mais adverso.

A necessidade de garantir a disponibilidade dos produtos nos PDVs, assim como de obter de forma rápida e precisa informações provenientes do mercado são algumas das razões para demonstrar a importância dos canais de distribuição.

Como já descrito nos 4Ps do marketing *mix* (preço, produto, promoção e ponto de venda), o único que se traduz em uma vantagem competitiva sustentável é o ponto de venda, devido à dificuldade em desenvolvê-lo e por se tratar de uma ação de longo prazo. Entretanto, mesmo sendo um processo muito complexo de desenvolver, os canais de distribuição bem-estruturados tendem a se tornar um componente comum a todas as cadeias de suprimentos. Dessa forma, passa a ser necessário destacar a marca dentro do ponto de venda, por meio de diversas ações, buscando influenciar a decisão de compra do consumidor. Este, então, será o tema do próximo capítulo, no qual vamos tratar do trade marketing.

5 Trade marketing

Nos capítulos anteriores vimos que a distribuição, muitas vezes, se apresenta como um dos fatores críticos de sucesso para o aumento de *market share* ao garantir a disponibilidade de produtos e serviços nos canais de vendas. Ter a oferta certa, no lugar certo pode representar vantagem competitiva em relação à concorrência. Cada vez mais, as empresas investem na eficiência dos modelos logísticos como parte integrante das estratégias de marketing e vendas, a fim de atender às expectativas do público-alvo.

Este capítulo trata das mudanças intensivas que estão ocorrendo no mercado, e de como as empresas necessitam aproximar indústria, clientes, marcas e varejo. Este procedimento é denominado trade marketing.

O novo mercado

O processo contínuo de fragmentação das mídias, somado a uma maior especialização dos canais de venda, criou um cenário de competição acirrada, no qual as empresas lutam pela sua participação no mercado, dia a dia. Nesse cenário, continua sendo fundamental desenvolver marcas fortes que estabeleçam condições de enfrentamento da concorrência, despertem o interesse dos canais de venda pela sua comercialização e, o mais importante, o *share* de preferência dos seus consumidores-alvo.

O conhecimento dos hábitos e preferências dos consumidores é, cada vez mais, peça-chave para o sucesso das estratégias de marketing e vendas. Investigar continuamente quais categorias de produtos e serviços são mais promissoras para alavancar os resultados do negócio, quais canais de comunicação serão mais eficientes; entender os hábitos de compras e a relação dos consumidores com os diferentes canais de vendas são aspectos críticos para a definição de estratégias integradas de marketing e vendas. Quando pensamos nos canais de comercialização dos produtos e serviços das empresas, temos que ressaltar o grande salto de especialização e profissionalização ocorrido nos últimos anos, o que aumentou a complexidade nas relações comerciais entre indústrias e varejo.

Ao olharmos para o modelo tradicional de formação das áreas de marketing e vendas, temos basicamente duas estruturas que atuam boa parte do tempo de forma distinta. De um lado a área de marketing, com a responsabilidade de administrar as marcas por meio da criação, adaptação e gerenciamento de um portfólio de produtos ou serviços mais competitivo do que os dos concorrentes e que estabeleçam uma relação duradoura com seus consumidores. Do outro, a área comercial, voltada para a relação com os canais de vendas de forma a obter espaços e vantagens comerciais que permitam, além de preços, prazos e descontos comerciais competitivos, ampliar a visibilidade, junto aos consumidores, do portfólio de marcas.

Indústria e varejo têm um objetivo em comum: a conquista da preferência do consumidor. Porém, sem um estudo mais aprofundado que permita adaptar as estratégias de marketing e vendas por meio dos diferentes canais de comercialização, haverá uma enorme dificuldade para se balizar as necessidades em torno dos investimentos necessários à construção de um plano de ação direcionado para os PDVs. Desta forma, a necessidade de se criar um novo modelo de trabalho que estabeleça uma ponte entre as áreas de marketing e vendas por meio da evolução do planejamento, controles e execução das estratégias das marcas nos canais de vendas, além da transformação dos homens de vendas em consultores de negócio, determina o papel do trade marketing.

Na prática, passamos a ter necessidade da tradução das estratégias de marketing para os canais de vendas dentro de um modelo que envolve processos, rotinas e controles que visam garantir a integração da área comercial à estratégia do negócio. O guardião desse modelo é trade marketing, e para entendermos melhor o seu papel nas organizações e suas vantagens como disciplina de negócios é importante analisarmos as mudanças de cenário ocorridas no consumo nos últimos anos.

O que é trade marketing?

O processo contínuo de fragmentação das mídias, somado à maior especialização dos canais de venda e em um contexto no qual o consumidor está cada vez mais difícil de ser conquistado, criou um cenário de competição acirrada no qual as empresas lutam pela sua participação de mercado, dia a dia.

Nesse cenário, continua sendo fundamental desenvolver marcas fortes que estabeleçam condições de enfrentamento da concorrência, interesse dos canais de vendas pela sua comercialização e, o mais importante, o *share* de preferência dos seus consumidores-alvo.

O conhecimento dos hábitos e preferências dos consumidores é também, e cada vez mais, peça-chave para o sucesso das estratégias de marketing e vendas, definindo quais canais de mídia serão utilizados, que produtos devem ser desenvolvidos e que canais de comercialização são críticos para atender às preferências de consumo desse público. Trade marketing é uma ciência que investiga e discute o desenvolvimento das relações entre fabricantes e canais de venda, pelo entendimento da relação entre marcas, pontos de venda e consumidores. As empresas estão crescentemente buscando evoluir do estágio de vendas para o de trade marketing, trocando a estratégia *push* ou *selling-in*, isto é, empurrar produtos no cliente (varejo), pela estratégia *pull* ou *selling-out*, ou seja, abastecer o mercado de acordo com a demanda de consumo (consumidores finais).

Trade marketing ainda é confundido por algumas empresas com um conjunto de ferramentas voltadas para a promoção e a comunicação dos produtos. O conceito é, na verdade, bem mais amplo do que isso, pois estabelece a necessidade de se adaptarem produtos, logística e estratégias de marketing, de modo a conquistar o consumidor nos pontos de venda, por meio de um modelo de parceria entre os fabricantes e seus canais de distribuição, tendo como foco as indústrias de consumo de massa.

Modelos de atuação entre fabricantes e pontos de venda

Nesse novo cenário é comum os fabricantes terem diferentes modelos de atuação junto aos seus canais de vendas:

- há aqueles que acreditam que o ponto de venda precisa, e muito, deles e de suas marcas; afinal, sem eles, o ponto de venda não existiria ou, mesmo que tentasse, não conseguiria atrair o consumidor para dentro da loja;

- há os que reclamam o tempo todo de como é difícil negociar com o ponto de venda e acreditam que ele é injusto e quer tirar o máximo de vantagem do fabricante. A resposta, neste caso, é descobrir uma maneira de aprimorar o processo de negociação, tentando encontrar pontos fracos na estratégia comercial do ponto de venda, fazendo-o entender que nem sempre é possível ganhar tudo, criando ou desenvolvendo modelos de parceria, ou mesmo agindo de forma dura quando necessário;
- há um grande número de empresas que reconhecem que o ponto de venda tem um papel cada vez mais importante nos seus negócios, e que a resposta, neste caso, é adaptar a organização e o modelo de trabalho, concentrando recursos (pensamento, tempo e dinheiro) e esforços no desenvolvimento de marketing por meio dos canais de vendas = trade marketing.

O primeiro grupo de fabricantes faz, cada vez menos, parte do cenário atual. Com a profissionalização do ponto de venda (de forma acelerada nos últimos 10 anos) e o aumento da competitividade no mercado com novos entrantes, diminui progressivamente o número de empresas que adotam uma atitude arrogante em relação aos canais de vendas com os quais operam.

O segundo, mais numeroso, precisa perceber rapidamente que a negociação representa apenas o início do processo na relação entre fabricante e canal de vendas. O resultado dessas negociações geralmente depende menos da capacidade de negociar e mais do balanço de forças entre ponto de venda e fabricante. Quando a negociação efetivamente começa, nove décimos da disputa já estão resolvidos. A força das marcas, a importância do canal de vendas em uma determinada região, o comportamento de compra dos consumidores e o grau de conhecimento das partes sobre ferramentas de marketing definem o modelo da negociação. A cooperação ou parceria é parte da equação de negócios, mas invariavelmente atende mais ao canal de vendas do que ao fabricante.

O terceiro grupo sabe que parcerias e ações cooperativas fazem parte do modelo de negócios, mas são circunstanciais. No longo prazo, não sustentam a vantagem competitiva da empresa. Além disso, as parcerias são, normalmente, resultado de uma comparação de vantagens entre parceiros ou concorrentes, cujo resultado dá a vitória — mesmo que momentânea — àquele que ofereceu mais valor. Essas empresas reconhecem a capacidade do ponto de venda em comprar produtos de forma cada vez mais profissional, analisando concorrentes, marcas, mercados e consumidores.

Por sua vez, os fabricantes estão tentando entender mais depressa e com mais profundidade a mesma equação, para desenvolver vantagem competitiva por meio dos seus canais de vendas. Grandes empresas, nacionais e multinacionais, cada vez mais adotam times de executivos voltados exclusivamente para o gerenciamento customizado das contas-chave de redes de varejo, desenvolvendo, em conjunto com o ponto de venda, uma estratégia de atuação, e não mais ações isoladas ou parcerias momentâneas.

A (r)evolução do ponto de venda

Tivemos, nas últimas duas décadas, grandes transformações ocorridas no consumo, ocorrências estas que mudaram a forma de ofertar produtos e serviços aos clientes finais. Neste novo cenário, o valor de um produto ou serviço equivale cada vez mais à qualidade, à longevidade, à sustentabilidade e ao seu significado para o consumidor. Cada vez mais os consumidores vão premiar suas marcas favoritas com lealdade e repetição de compra, mas tendo em mente a relação custo-benefício. Uma velha máxima sobre hábitos de consumo era a de que "as pessoas têm de comer" — base pela qual empresas de alimentos são consideradas à prova de recessão. Mas as pessoas não têm que comer fora apenas em restaurantes caros, nem comer produtos de luxo ou apenas alimentos orgânicos voltados para a saúde. A realidade brasileira apresentou, nos últimos anos, um forte crescimento na base da pirâmide social, em especial no crescimento da classe C, o que obrigou indústrias e varejos a adaptarem suas ofertas a esse tipo de público.

Não há como deixar de mencionar a importância da internet, provocando significativas mudanças de comportamento nos consumidores e, especialmente, nas empresas fornecedoras de bens e serviços. Desde a década de 1990 estas mudanças se vêm ampliando e consolidando, incentivadas em grande parte pela globalização, espalhando-se rapidamente por todos os cantos do nosso planeta. Percebem-se alguns fatos relevantes, que derrubam paradigmas e incentivam inovações cada vez mais arrojadas. O comportamento de compra dos consumidores passa por uma mudança radical, na qual a mobilidade resultante do acesso à internet lhes tem possibilitado se conectar de forma rápida e precisa aos fornecedores de bens e serviços. Estes fornecedores, por sua vez, têm acesso a informações relativas às preferências e aos comportamentos de compra e uso de cada um dos seus consumidores, e podem disponibilizar ofertas personalizadas. Com a rapidez do acesso às compras, os consumidores utilizam de maneira muito mais abrangente os serviços virtuais.

Para o consumidor, o acesso aos sites das mais diversas empresas possibilita conhecer em detalhes cada produto, desde a captação de matéria-prima, passando por sua transformação, até chegar ao produto final. Existem informações disponíveis nestes sites, até mesmo sobre as referências das empresas que fabricam ou comercializam os produtos. Já é possível receber, a qualquer tempo e hora, as últimas notícias dos jornais e revistas, assistir a telejornais ao vivo e acessar, em qualquer lugar (mobilidade), produtos e serviços, como livros, flores, roupas, ingressos de cinema, automóveis e até mesmo imóveis. Este novo mundo tem impacto direto na relação dos consumidores com os pontos de venda, que passam a ser virtuais ou reais e virtuais, mas dificilmente apenas reais.

O conceito de marketing aplicado aos canais de vendas

As empresas, de forma geral, têm como objetivo comum aumentar a lealdade dos consumidores para com suas marcas, gerando assim barreiras de entrada para os seus concorrentes. Hoje, além dos consumidores, buscam-se também modelos de lealdade nos pontos de venda, de forma a ampliar distribuição, visibilidade e ações promocionais. Importante observar que, por trás da construção de marcas, são diferentes os desafios para o fabricante e para o canal de vendas. Enquanto o fabricante tem uma oferta específica para o consumidor, o ponto de venda trabalha sua diferenciação com o *mix* de ofertas e serviços, e depende, na maioria dos casos, do contato humano com os consumidores finais.

Quando pensamos nos fabricantes, temos a questão da experiência de compra que, no caso dos produtos, precisa ser traduzida em benefícios racionais e emocionais. Os benefícios racionais (características dos produtos, desempenho, preço, conveniência, durabilidade) e emocionais (status, uso pelos formadores de opinião, prazer, aceitação social, reconhecimento) são explorados a fim de atrair os consumidores para as suas marcas. Na maioria dos casos os consumidores se projetam por meio da imagem percebida desses produtos, associando o seu estilo de vida às marcas que eles adquirem. Mesmo quando tratamos de produtos de baixo preço essas associações existem, porém em menor intensidade.

No ponto de venda os benefícios racionais normalmente estão ligados à localização, facilidades de estacionamento ou acesso por transporte urbano, *mix* de produtos, preços, ofertas promocionais e atendimento. Os benefícios emocionais, normalmente intangíveis, estão ligados a serviços diferenciados voltados ao bem-estar do consumidor na loja, como ambiente agradável, serviços diferenciados dos da concorrência e um atendimento acima das expectativas dos consumidores. Normalmente, assim como o faz na escolha de produtos, o consumidor tentará associar o ponto de venda ao seu estilo de vida e buscar facilidades e serviços que adicionem qualidade à experiência de compra.

Em resumo, conhecer os diferentes fatores de motivação dos consumidores em relação aos pontos de venda *versus* os produtos que serão adquiridos será fundamental na determinação da estratégia de indústrias e pontos de venda para maximizar sua atratividade e diferenciação com o público-alvo. Uma maneira de se trabalhar esta questão é o cruzamento do perfil dos consumidores com os canais de vendas que eles frequentam. Isto possibilitará a construção de um modelo poderoso para planejamento e tomada de decisão de ações no ponto de venda — a segmentação de canais.

A importância do trade marketing para as organizações

Marca ou *commodity*? Marcas são entidades virtuais que têm existência apenas nas mentes dos consumidores. A sua marca será tanto mais universal quanto mais fundo você souber entender, interpretar e participar do universo de seus consumidores. Só se constroem grandes e duradouras marcas quando estas se diferenciam das concorrentes por meio da soma de fatores racionais e emocionais. *Commodities* são, geralmente, produtos cuja estrutura, preço e conceito são praticamente similares entre si.

E o surgimento das marcas próprias dos supermercados? Em que categoria encaixamos? Marca ou *commodity*? Será um novo modelo de relacionamento de marca com os consumidores? O processo de escolha já não segue um padrão, mas uma situação de momento, que pode ser motivada pelo preço e pela qualidade, características que, quando comparadas, levam o consumidor à ação da compra sem que se preocupe com a marca. O maior desafio será fazer com que o produto/serviço deixe de ser *commodity* e passe a ser uma referência no mercado, desenvolvendo relações duradouras com seus consumidores.

Em geral, as empresas relutam em aceitar ter o seu produto ou serviço classificado como *commodity*. A busca constante é pela construção de marcas fortes, que sejam lembradas por seus consumidores e clientes e que tragam, consequentemente, maiores margens e diferenciação sobre produtos e serviços concorrentes.

Este desafio se torna ainda maior quando pensamos nos pontos de venda de forma geral, onde produtos de diversas categorias estão colocados um ao lado do outro, apresentando diferentes preços, ações promocionais, embalagens diferenciadas, vários prazos de validade e, finalmente, lembranças de marcas que trazem diferentes mensagens para o consumidor final.

Aqui fica a pergunta: como diferenciar minha marca? De que forma posso destacar meu produto do produto dos concorrentes? Como fazer o consumidor usual dos meus produtos manter a lealdade de compra e atrair o consumidor de marcas concorrentes para minha marca?

Antes de tudo, é preciso lembrar sempre que toda decisão de compra é tomada pelo cliente ou consumidor; logo, entender em profundidade os mecanismos que o levaram a ela é fundamental na construção de qualquer estratégia de marketing, seja esta direcionada para uma loja de conveniência em um posto de gasolina ou uma agência de viagens em um aeroporto regional.

A simples atividade de fazer compras reúne, na maioria dos casos, o uso de informações e sentidos (visão, tato, olfato, paladar e audição) que podem e devem ser considerados na formulação da estratégia de quais ferramentas utilizar, quando e onde, de forma a buscar o maior impacto positivo possível junto ao cliente e ao consumidor final.

Várias indústrias utilizam diferentes táticas relacionadas a envolver o consumidor com o universo de suas marcas e produtos, mas poucas fazem isso tão bem quanto a indústria de cosméticos . Ela sabe que demonstrar seus produtos por meio do *merchandising* e de promotoras devidamente treinadas, que conseguem identificar muito rapidamente que produto será mais adequado para que tipo de cliente, pode, em muitos casos, fechar uma venda, fazer a consumidora ou consumidor trocar de marca ou mesmo facilitar a decisão de compra por impulso. Segundo Underhill (1999), o papel pré-histórico das mulheres como coletoras de raízes e frutos voltadas para o lar, diferentemente dos homens, que saíam para caçar, abatendo a primeira presa que surgia no seu caminho, demonstra a inclinação biológica feminina para compras mais habilidosas. Hoje, em posição de igualdade no mercado de trabalho, a mulher tem seu tempo dedicado à atividade das compras cada vez mais exíguo, porém o uso das compras como atividade social continua existindo, e a aquisição de cosméticos é um bom exemplo deste tipo de comportamento. O mercado varejista, de maneira geral, sabe disso e não é por coincidência que o ambiente de venda desses produtos, seja em uma loja sofisticada, seja no *display* de parede de batons e sombras em uma drogaria, garante o mínimo de privacidade, para que as consumidoras possam testar produtos ou ser assediadas por uma demonstradora, que pode ter papel decisivo na decisão de compra.

Segmentação de canais de vendas

Quando tomamos a decisão de distribuir um determinado produto ou desenvolver materiais de comunicação para o ponto de venda, é obrigatório termos definido, como dimensão de informação, quais são os nossos consumidores-alvo e de que forma iremos alcançá-los. Uma forma de resolver o problema seria, por exemplo, definir o melhor canal para aquele produto. Neste caso, pesquisas de comportamento de compra de consumidores ajudarão a identificar os canais prioritários utilizados por estes para a compra de uma determinada categoria de produtos. Tomando como exemplo a categoria de laticínios, podemos eleger a padaria como o canal ideal e, desta forma, todas as padarias passariam a ser potencialmente consideradas prioritárias no atingimento da estratégia da marca.

Segundo dados do Sindicato da Indústria de Panificação (Sindipan), existem cerca de aproximadamente 60 mil padarias no Brasil, atendendo diariamente 40 milhões de consumidores, com um faturamento anual de R$ 45 bilhões. Estas empresas estão capacitadas a dar suporte às marcas que comercializam, obedecendo à cultura da empresa fornecedora?

De acordo com os dados abaixo, existe uma variável que torna complexa a equalização do processo de comunicação das marcas, que é a diversidade dos tamanhos das empresas. O volume de atendimento de uma padaria muda completamente a forma de comunicação, pois os clientes passam a ter procedimentos, desejos e hábitos que são associados ao *mix* de produtos oferecido. Veja tabela 3.

Uma das questões a serem avaliadas ao se investigar um empreendimento é, por exemplo: quantas dessas empresas estão localizadas em áreas nobres e periferias? Dependendo do segmento da empresa, assim como de seu posicionamento, torna-se necessária a construção de um modelo de segmentação de canais, no qual o entendimento da performance das categorias dos produtos, ou mesmo dos serviços ofertados, é necessário para o desenvolvimento das ferramentas de trade marketing.

Tabela 3

Distribuição das padarias no Brasil, por porte

Porte	Quantidade	% do total
Padarias pequenas	45.220	71,55
Padarias médias	14.334	22,68
Padarias grandes	2.730	4,32
Indústria de pães	916	1,45
Total	**63.200**	**100**

Fonte: Sindispan (2010).

As variáveis necessárias para construção do trade marketing envolvem a análise do ponto de venda, passando pelas relações comerciais relativas a preço, desconto, prazos e chegando até as questões ligadas ao acondicionamento e visibilidade dos produtos. A busca da adequação da comunicação pode envolver geladeiras, balcões ou gôndolas e, até mesmo, a importância dos funcionários na relação de influência sobre a decisão de compra do consumidor final. Tais combinações são obtidas através de modelos estatísticos que testam diversas opções. Com a implementação destes procedimentos determinam-se os canais associados a cada tipo de padaria, podendo os produtos ser agrupados em *clusters* distintos, que terão maior ou menor importância para uma determinada marca, de acordo, é claro, com a estratégia pretendida.

A definição da base de clientes (pontos de venda) deve ter associação direta com o consumidor final. Se não entendermos corretamente essa relação, corremos o risco de desperdiçar tempo e recursos no ponto de venda errado, abrindo espaço para o concorrente nos PDVs onde deveríamos ter focado nossos esforços e investimentos.

Criando vantagem competitiva com trade marketing

Produto, preço, promoções e a escolha correta dos canais de venda e distribuição podem e devem estabelecer vantagem competitiva em relação ao mercado, desde que os consumidores-alvo da empresa percebam os benefícios atrelados a essas variáveis do marketing.

Todas as características do produto (quadro 11) se relacionam com o consumidor e devem, sempre que possível, ser comunicadas por meio do marketing *mix*. Essas características podem ser resumidas em: variedade (sabores, cores, tamanhos), qualidade (processo de produção, prazos de validade), *design* (tipos de embalagem ou formas), associação com uma marca já conhecida, como um desdobramento das ofertas daquela marca ou por meio de uma marca nova, além da oferta de serviços agregados (garantia, serviço de atendimento exclusivo e web sites de conteúdo).

Quadro 11

Características de produto/benefícios ao consumidor (Produto: detergente para limpeza de louças)

Benefício genérico	Característica do produto	Benefício para o consumidor
Limpeza de pratos e talheres	Essência de limão, pêssego etc.	Não resseca as mãos e deixa um cheiro agradável.
	Extraconcentrado	Rende mais e aumenta, assim, o custo-benefício.
	Vários tamanhos de embalagem	Atende a diferentes públicos (solteiros, famílias grandes etc.).

A exposição de produtos nos pontos de venda vem crescendo em importância, motivada principalmente pelo fato de que há cada vez mais ofertas para um número limitado de prateleiras por PDV. Como o ciclo de vida dos produtos está se reduzindo continuamente, novidades são inseridas diariamente nas prateleiras dos supermercados. Dessa forma, fabricantes e pontos de venda têm buscado, por meio de pesquisas de comportamento do consumidor e análises de volume de vendas *versus* receita, o espaço e a posição corretos de cada categoria de produtos na prateleira da loja, de forma a maximizar o retorno obtido por centímetro quadrado.

Já quando falamos na questão das atividades promocionais ou de comunicação temos, geralmente, uma gama de atividades: comunicação por meio da mídia tradicional (TV, rádio, revistas, jornal, *outdoor*); promoções de preço; demonstração de produtos; patrocínios e eventos; mídia espontânea (ações na imprensa); marketing direto; *merchandising* nos pontos de venda.

Produtos e serviços vêm, cada vez mais, utilizando estratégias promocionais para chamar a atenção dos seus consumidores-alvo. Com o aumento de ofertas de produtos e serviços no mercado, aumentando a fragmentação dos hábitos de consumo, a necessidade da participação dos canais de vendas nas estratégias promocionais dos fabricantes vem se tornando cada vez mais imperiosa. Boa parte das decisões de compra é tomada neste ambiente.

A ferramenta preço, dentro do marketing *mix*, vem sendo utilizada estrategicamente por fabricantes e canais de venda como diferenciadora na busca por novos consumidores e fidelização dos atuais. Segundo Kotler (1994:296),

> o preço difere dos outros três elementos do marketing *mix* no sentido de que gera receita e os demais geram custos. Consequentemente, as empresas tentam arduamente elevar seus preços até onde o nível de diferenciação permite.

Porém, ela não é mais suficiente no sentido de convencer o consumidor a optar pelos produtos de uma determinada marca ou empresa.

No Brasil, neste início do século XXI, fatias expressivas da participação no mercado de empresas tradicionais, detentoras de marcas de grande expressão, estão sendo tomadas por novas empresas e marcas que perceberam a existência de uma grande parcela de consumidores de baixa renda interessados numa relação de custo-benefício que caiba dentro do seu orçamento familiar. Marcas próprias do varejo, carros populares (em 72 prestações), e produtos vindos de todas as regiões do planeta aumentam, cada vez mais, o poder de barganha dos consumidores. A Associação Brasileira de Importadores de Produtos Populares (Abipp) diz em seu site <www.abipp.org.br> que a movimentação destes produtos no Brasil já alcançou cerca de R$ 10 bilhões anuais em 2009.

Esse cenário adverso tem reforçado ainda mais a importância do ponto de venda no marketing *mix* das empresas e das marcas com que operam. O ponto de venda, físico e virtual (internet), se refere a todas as oportunidades geradas com relação a quando e onde o produto está colocado à disposição do consumidor para compra. A quantidade de PDVs alcançada por uma determinada marca para sua distribuição no mercado define o raio de cobertura de seus consumidores-alvo, podendo ser local, regional, nacional e internacional. Quando analisamos a cobertura da internet, apesar de legislações específicas que não permitem a venda de determinadas categorias de produtos via web, o modelo de distribuição, geograficamente falando, é praticamente global.

Hoje, cada vez mais empresas têm estabelecido como estratégia de negócio focar o desenvolvimento de suas marcas e produtos e o conhecimento dos hábitos de compra de seus consumidores-alvo, delegando a venda a intermediários, sejam pequenos pontos de venda ou grandes cadeias de atacado ou varejo. No Brasil, a exemplo de outros mercados, as estruturas de pequenos PDVs e grandes varejos estão cada vez mais focadas na especialização de produtos e serviços para atender a grupos específicos de consumidores com maior interesse na oferta desse tipo de ponto de venda. Nesse movimento do dia a dia para conquistar a preferência dos clientes, espaços sedutores, planejados especialmente para crianças e idosos, com ofertas de serviços, como entrega em domicílio ou serviços de manobrista, têm por objetivo transformar as necessidades dos clientes em impulsos de compra, fazendo o consumidor desejar determinada marca ou produto em um ambiente onde ele se sinta à vontade e incentivado.

Nesse cenário novos tipos de pontos de venda surgiram: lojas-conceito ou *flagship stores*, patrocinadas pela indústria e, na maioria dos casos, operadas por terceiros, que têm como principal objetivo auxiliar na construção dos valores da marca na mente dos consumidores e, é claro, vender. Um dos ícones modernos de lojas que alcançaram êxito assim é a Niketown, nos Estados Unidos. Patrocinada e operada pela Nike, a Niketown é uma cadeia de lojas geralmente localizadas em grandes áreas urbanas nos EUA. Na maioria das cidades onde as lojas existem, viraram atrações turísticas por causa da inovação em *design, layout* e tecnologia, presentes nos diferentes ambientes projetados em cada uma delas. A lucratividade é apenas uma consequência, pois o maior objetivo foi de construir laços mais fortes entre a marca Nike e seus consumidores. Aqui no Brasil temos diversas iniciativas similares, por meio de empresas como Sony, Havaianas, Panasonic, Apple, Samsung e outras.

A execução no ponto de venda

Esta é, no trade marketing, a atividade que mais concentra recursos humanos e financeiros. O tamanho dos investimentos nessa área vem crescendo vertiginosamente nos últimos anos. As principais ferramentas utilizadas são, em geral:

- exposição de produtos;
- ações promocionais;
- *visual merchandising*;
- atuação de promotores e demonstradores;
- motivação e envolvimento das equipes do PDV;
- mídia digital no varejo.

A exposição de produtos, também chamada de *planograma de marcas no ponto de venda*, estabelece como direção compreender o comportamento de compra dos consumidores, de forma a direcionar com maior efetividade a organização das marcas ao longo das gôndolas e prateleiras.

A movimentação dos consumidores na loja, assim como a maneira como eles percebem as gôndolas, pode incrementar a percepção de valor dos atributos das marcas. Em geral, quando os produtos estão bem-distribuídos, buscando-se melhorar sua visibilidade, há melhoria na influência sobre a decisão de compra do consumidor. Os atributos que aumentam a percepção de valor são as embalagens (cor, forma, *layout* etc.), preços, organização de cores e, até mesmo, a localização dos produtos em exposição.

As ações promocionais têm um importante papel na ampliação da oferta de produtos e serviços por meio de benefícios tangíveis ao consumidor. Segundo a Associação de Marketing Promocional (Ampro), podemos destacar, entre outras, as seguintes formas de promoções: promoções com distribuição gratuita de prêmios, através de concursos, sorteios, vales-brindes ou operações semelhantes; ações constituídas de ofertas, descontos, liquidações, trocas, coleções, amostras grátis, brindes, vendas condicionadas a quaisquer itens acoplados a produtos ou, prêmios; ações de demonstração, degustação e amostragens, além de atividades de marketing de incentivo.

A atuação de promotores e demonstradores no varejo é uma indústria em crescimento acelerado no Brasil. Pequenas e grandes empresas vêm fazendo uso deste tipo de profissional, normalmente contratado através de agências especializadas, com o objetivo de garantir a manutenção dos produtos nas gôndolas de grandes varejos ou atuar em ações promocionais em diversos tipos de estabelecimentos comerciais. Empresas como Nestlé, Sadia, Souza Cruz, Johnson & Johnson, Kraft Foods e muitas outras fazem uso contínuo destes profissionais no dia a dia para a execução das estratégias de trade marketing nos pontos de venda. A motivação e o envolvimento das equipes de PDV com os produtos e serviços que são ofertados aos consumidores tem sido uma preocupação cada vez maior das indústrias, com menor ênfase para os autosserviços. Este procedimento é de grande importância para os estabelecimentos onde há grande concentração de interatividade entre consumidores e atendentes.

Dado o número cada vez maior de ofertas no ambiente da loja, torna-se fundamental capacitar atendentes, balconistas, caixas, ou seja, todos aqueles que têm relação direta com o consumidor final a prestarem serviços perfeitamente adequados às necessidades especificas de cada um de seus clientes. Esta nova forma de relação entre indústrias e pontos de venda amplia fortemente as relações de parceria, pois estas se estendem, além do estabelecimento comercial, a suas equipes.

A mídia digital no varejo é uma atividade recente e que vem aumentando sua atuação no Brasil. Na prática ela tem o papel de potencializar a comunicação na loja por meio do uso da interatividade, vídeos, rotatividade de imagens e, em casos especiais, até mesmo áudio, por meio de telas digitais. Um caso emblemático na utilização deste tipo de mídia é o do supermercado Wal-Mart que, nos Estados Unidos, já conta com mais de 100 mil telas digitais comunicando produtos e serviços nas lojas. Segundo dados dos principais fornecedores envolvidos nesta operação, a audiência de todas as lojas neste tipo de mídia, se somada, já colocaria o Wal-Mart como a quinta maior rede de TV nos Estados Unidos. Aqui no Brasil já podemos ver diferentes aplicações em farmácias, supermercados e padarias. Podemos considerar que, dadas as facilidades de atualização da comunicação e a potencial redução de custos com produção de materiais de *merchandising*, este tende a ser um caminho de grande crescimento para a comunicação de marcas nos pontos de venda.

A Integração de trade marketing com marketing e vendas

Trade marketing deve ser o elo entre marketing e vendas, responsável por traduzir as estratégias das marcas para o PDV. Esta tradução deve se dar por meio do conhecimento da realidade, do que está acontecendo no ponto de venda, seja pelo acompanhamento das ações da empresa, como também pelo monitoramento da concorrência, entendimento dos hábitos de compra dos consumidores e das características de negócio dos clientes (canais). Ao mesmo tempo, trade marketing também deve dar suporte à área de marketing nas estratégias e planos das marcas, além de planejar e viabilizar sua execução no PDV.

De forma resumida, trade marketing deve atuar nas rotinas de planejamento, execução e controle das atividades de marketing no ponto de venda — planejamento de todas as atividades da marca nos canais de vendas, execução das atividades de comunicação e promocionais, controles ligados a monitoramento de resultados e efetividade das ações no campo. Dentro das organizações, para que trade marketing, como área, possa assumir o seu papel, torna-se necessária a reformulação de processos, responsabilidades da área e, finalmente, da estrutura. Os processos devem ser reformulados para garantir o equilíbrio da participação de trade marketing tanto na área de marketing quanto na área de vendas. É bom lembrar que, no rol das responsabilidades de trade marketing, a independência da área se faz necessária, de forma a evitarmos a criação de feudos ou a percepção de que existem "privilégios" na relação de trade marketing, seja com marketing , seja com vendas.

Os pontos de venda, como vimos anteriormente, devem ser agrupados em canais, de acordo com a estratégia da empresa. Da mesma forma, trade marketing deve idealmente ser organizado por canal, fundamentando a percepção de especialista em marketing e vendas, atuando, dessa forma, como um ponto de controle na melhor tradução das estratégias das marcas por canal e, ao mesmo tempo, capacitando a área de vendas para a oferta de um atendimento especializado e uma execução de excelência no PDV. Esta especialização por canal permitirá à área estabelecer prioridades nos canais, sempre respeitando as realidades regionais e as características de compra dos consumidores.

Os planos por canal devem sempre levar em conta a distribuição do *mix* de marcas, sua exposição no PDV e estratégias promocionais que ampliem o giro na loja. Para isso trade marketing deve suportar a construção destes planos com base em estudos, pesquisas de PDV e visitação constante aos canais. Deter o conhecimento do canal significa ter o conhecimento das melhores práticas, tendências e dados atualizados sobre o comportamento dos consumidores, bem como dos materiais que melhor funcionam em cada canal.

Conclusões acerca de trade marketing

Como vimos, trade marketing estabelece a estrutura do marketing através dos canais de vendas. Sendo assim, estruturar as marcas associados aos produtos (e seus atributos, como, por exemplo, preço, qualidade, imagem e serviços) oferecidos aos pontos de venda é fundamental para que estes trabalhem em conjunto com a indústria na oferta dos bens e serviços ao consumidor final.

Assegurar a rentabilidade dos canais de venda que comercializam as marcas de uma determinada indústria é também papel do profissional de trade marketing. Cada vez mais, entender o modelo de negócios do cliente torna-se crítico, não só nos aspectos de negociação, como também para o desenvolvimento de ofertas que estejam alinhadas com as expectativas do ponto de venda em termos de lucratividade.

Capacitar as equipes de vendas e os funcionários dos pontos de venda sobre como ofertar corretamente os produtos ou serviços, maximizando seu valor percebido pelos clientes, certamente irá ampliar, e muito, a vantagem competitiva da indústria e do varejo. Este procedimento pode gerar o diferencial em um mercado extremamente competitivo, global e com produtos cada vez mais semelhantes.

Portanto, ofertar um valor de marca com suas vantagens intangíveis é, na realidade, oferecer mais que um produto; é entregar ao cliente um serviço gerando identidade e status, entre outros benefícios aos consumidores.

Conclusão

Ao final desta exposição dos conceitos de logística, distribuição e trade marketing, acreditamos que o leitor seja capaz de compreender a afirmação de alguns autores quando se referem a esses campos como o grande desafio das organizações no presente e no futuro próximo. Nas palavras de Lobato e colaboradores (2003:101),

> a logística é uma das mais importantes dimensões estratégicas, pois ressalta certas qualidades da organização, em particular a flexibilidade e a rapidez. Ela é o desafio das organizações nos próximos anos [...] sua gestão exige pessoas especialmente preparadas para atuar não só no nível operacional, mas principalmente no nível estratégico das empresas.

Aos profissionais de marketing que não exercerão, na maioria das vezes, a gestão das atividades logísticas, restam desafios não menos impactantes. Em primeiro lugar, por meio da leitura do capítulo 1 deste livro e de suas próprias reflexões a respeito da gestão da logística, dos seus canais de distribuição e do trade marketing nas empresas de seu conhecimento, é imperativo que você tenha percebido por que a logística tem dimensão estratégica para empresas que buscam competir e sobreviver no longo prazo. Também por que a logística, se gerida só no nível operacional, como atividade essencial, mas sem a orientação principal de gerar valor aos produtos e serviços aos olhos dos clientes, já não terá a capacidade necessária para auxiliar a empresa a obter todo o lucro possível, todo o *market share* almejado e reter tantos clientes quanto poderia. Tal empresa, certamente, será subótima, de desempenho apenas razoável, operando aquém de suas reais possibilidades.

Como vimos, no mais puro alinhamento com os princípios fundamentais do marketing, um dos papéis fundamentais da logística é auxiliar a empresa na criação de ofertas de maior valor para os clientes. Tal valor pode ser entendido como a satisfação, a preços competitivos, das necessidades de clientes sensíveis ao serviço como, por exemplo, maiores disponibilidades para o atendimento de pedidos de emergência, ou de volumes menores e entregas mais frequentes, ou ainda embalagens especialmente adaptadas para um cliente.

No capítulo 2 apresentamos as atividades pelas quais a logística ajuda a empresa a criar tal valor para seus clientes. Em essência, é a coordenação eficaz do transporte, da armazenagem, da obtenção e gestão das informações, da embalagem, que conduz à execução eficiente de processos fundamentais para a geração de valor, já que os processos bem-conduzidos são um tipo de habilidade por meio do qual a empresa compete no mercado. Essa pode ser a chave para o sucesso.

Contudo, não é tarefa simples, pois a maioria das empresas é estruturada de forma hierárquica; cada área e cada profissional tem suas funções mais ou menos compartimentalizadas. Os processos existem em um *continuum* que permeia diversas áreas funcionais e são realizados por mais de uma área ou profissional dentro da empresa. Os principais subprocessos logísticos, isto é, suprimentos, operações, distribuição e logística reversa, precisam claramente dessa integração interna, como argumentado no capítulo 2, e a maioria das empresas de sucesso em logística busca maneiras de dar este importante passo. A figura 34 apresenta, de forma resumida, este raciocínio.

Figura 34

PROCESSOS NA HORIZONTAL E FUNÇÕES NA VERTICAL

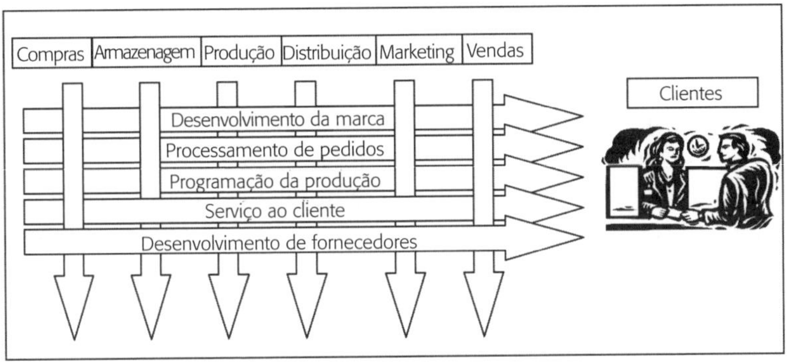

A tão buscada integração de processos pela logística, tanto intraempresas quanto entre empresas, pode beneficiar-se das diversas ferramentas especiais disponíveis: telecomunicações, tecnologia da informação, entre outras. De um simples banco de dados com informações transacionais da logística para acompanhamento dos indicadores de desempenho, até um sofisticado portal com acesso através da extranet, passando pelos softwares de gestão integrados — os *enterprise resource planning* (ERPs) ou mesmo pelos softwares dedicados à gestão da cadeia de suprimentos, todos facilitam a universalização da informação e a visão única dos dados de desempenho dos processos, possibilitando a otimização da logística e a agregação de valor aos clientes, como apontado no capítulo 3.

No capítulo 4 apresentamos aspectos relevantes da gestão dos canais de distribuição que, certamente, ajudaram a entender o importante papel que os canais têm nos sistemas logísticos modernos: prover serviço aos clientes. Foram ainda abordadas questões cada vez mais críticas no contexto das cadeias de suprimentos, tais como a mudança de foco na gestão de canais entre parceiros de negócios. Cada vez mais empresas de sucesso estão buscando a formação de alianças estratégicas, estruturando ações cooperativas e condomínios com os seus parceiros de negócios, a fim de sair de processos de gestão competitivos e conflituosos para processos colaborativos. O elevado nível de integração de processos, confiança mútua e alinhamento de objetivos exigidos em um ambiente colaborativo não é algo fácil de ser atingido, contudo, como você viu, as oportunidades de aumento de competitividade são claras quando estratégias colaborativas são implantadas com sucesso. Basta lembrar uma técnica cada vez mais difundida no Brasil por sua eficácia e eficiência, estudada no capítulo 4: o VMI. Empresas como a Johnson & Johnson e a General Motors implementaram conceitos de VMI no Brasil, recentemente. Outras, como o Wal-Mart, já realizam operações semelhantes com a Procter & Gamble e a Tramontina, por exemplo, há mais tempo. Desde a década de 1980, a Tramontina repõe os estoques de algumas categorias de produtos nos EUA, utilizando uma grande dose de tecnologias de integração, como o EDI e, obviamente, gestão de processos.

No capítulo 5 buscamos detalhar um conceito ainda relativamente de pequena penetração nos meios empresariais nacionais conhecido como trade marketing. O trade marketing é uma revolucionária forma de trabalho no ponto de venda que visa conquistar ali o consumidor, satisfazendo da melhor maneira possível as necessidades de canais comerciais específicos e de clientes estratégicos. Várias entre as grandes empresas de varejo brasileiras implementam esse conceito, como a Souza Cruz, a Ambev e outras.

Ao término desta leitura nós, autores, esperamos ter descortinado para você os principais caminhos para entender de que forma a logística pode ser usada como uma poderosa ferramenta de auxílio às grandes responsabilidades que pesam sobre os profissionais neste período de mudanças velozes e variadas.

Esperamos que o aumento da velocidade de resposta exigido ultimamente das empresas possa ser contemplado por vocês com redesenhos de processos e análises adequadas a cada realidade. Esperamos que as necessidades de redução de custos que levam inexoravelmente a reduções de estoques, doravante sejam colocadas em perspectiva, e que os estoques não sejam vistos como vilões, mas sim como elementos de decisão gerencial, capazes de servir a múltiplos propósitos, ainda que em níveis reduzidos como, por exemplo, a garantia de flexibilidade necessária ao negócio.

Cada vez mais as organizações precisam manter grande flexibilidade, que só pode ser obtida com baixos níveis de estoques por meio de processos especificamente projetados para tal, como o VMI e a ECR, em função da volatilidade da demanda e da enorme velocidade de lançamento de produtos em diversos segmentos, principalmente no varejo.

O desafio dos autores, neste trabalho, foi o de englobar, da forma mais geral possível, os conceitos básicos que apoiam as práticas das empresas líderes nas mais diversas áreas de atuação. Buscamos tal abrangência ao analisarmos até mesmo o papel da logística no segmento de serviços, em geral deixado de lado pela maioria dos livros do gênero, ou ainda ao detalharmos as principais tecnologias utilizadas para habilitar implementações sofisticadas, como a ECR.

O seu desafio é o de ser capaz de fazer uma transposição das técnicas e ferramentas genéricas apresentadas ao longo do livro para o seu universo particular, adaptando o raciocínio a cada passo e inferindo suas próprias formas de melhorar o seu processo. Como postulou Christopher (1999:194), "a tarefa do planejamento de marketing nesse novo modelo organizacional é traduzir as metas estratégicas em planos de processos". Com esses processos apropriadamente projetados, a logística é capaz de ajudar a empresa a criar e entregar valor ao cliente, elemento precioso para os profissionais de marketing.

Sucesso e prosperidade são os nossos votos!

Referências

AMÉRICA ECONOMIA. São Paulo, 2003.

ANSOFF, I.; DECLERK, R.; HAYES, R. *Do planejamento estratégico à administração estratégica*. São Paulo: Atlas, 1981.

ANUPINDI, R. et al. *Managing business process flows*. New Jersey: Prentice-Hall, 1999.

BALLOU, Ronald H. *Business logistics management*: planning, organizing, and controlling the supply chain. 4. ed. New York: McGraw-Hill, 1993.

BARBIERI, Carlos. *Business intelligence*: modelagem e tecnologia. Rio de Janeiro: Axcel Books do Brasil, 2001.

BERTAGLIA, Paulo Roberto. *Logística e gerenciamento da cadeia de abastecimento*. São Paulo: Saraiva, 2003.

BLECHER, Nelson. Eu tenho a força. *Exame*, São Paulo, p. 53-55, 12 jun. 2002.

BLOOMBERG, D.; LEMAY, S.; HANNA, J. *Logistics*. New Jersey: Prentice-Hall, 2002.

BOWERSOX, Donald J.; CLOSS, David J. *Logistical management*: the integrated supply chain process. New York: McGraw-Hill, 1996.

BOWERSOX, Donald J.; CLOSS, David J.; COOPER, M. *Gestão da cadeia de suprimentos e logística*. Rio de Janeiro: Campus, 2007.

BRASIL. Ministério dos Transportes. Geipot. *AET 2001*. Inclui navegação interior, de cabotagem e de longo curso. Disponível em: <www.geipot.gov.br>. Acesso em: 18 out. 2005.

CHOPRA, Sunil; MEINDL, Peter. *Gerenciamento da cadeia de suprimentos*. São Paulo: Pearson Brasil, 2004.

CHRISTOPHER, M. *O marketing da logística*. São Paulo: Futura, 1999.

CORREA, Cristiane. O adeus ao velho marketing. *Exame*, São Paulo, p. 92-94, 4 set. 2002.

COUNCIL OF LOGISTICS MANAGEMENT (CLM). *Logistics in service industries*. Oak Brook, IL: CLM, 1991.

DINIZ, Daniela. As áreas e os perfis executivos mais cobiçados. *Exame*, São Paulo, p. 14-15, 7 maio 2003.

ECR BRASIL. Site da empresa. Disponível em: <www.ecrbrasil.com.br>. Acesso em: jul. 2010.

ESCOLA DE GUERRA NAVAL (EGN). *Guia de estudos estratégicos*. Rio de Janeiro: EGN, 1997. EGN-204.

EXECUTIVOS FINANCEIROS. São Paulo, ano XIII, n. 130, 2001.

FLEURY, Paulo Fernando; WANKE, Peter; FIGUEIREDO, Kleber Rossati. *Logística empresarial*. Rio de Janeiro: Atlas, 2000.

FRAZELLE, Edward H.; GOELZER, Paulo G. *Distribuição de classe mundial*. São Paulo: Instituto de Movimentação e Armazenagem de Materiais, 1999.

GONÇALVES, Cesar Neto; KLEIN, Roberta. *Relatórios Coppead*: implementação de sistemas padronizados de planejamento de recursos de empresas (ERP) — estudo de caso. Rio de Janeiro: UFRJ/Coppead, 2001.

GURGEL, Floriano C. A. *Logística industrial*. São Paulo: Atlas, 2000.

KOTLER, Philip. *Administração de marketing*: análise, planejamento, implementação e controle. São Paulo: Atlas, 1994.

______. *Administração de marketing*: a edição do milênio. São Paulo: Pearson Brasil, 2000.

LACERDA, Leonardo. Armazenagem e localização de instalações. In: FLEURY, Paulo Fernando; WANKE, Peter; FIGUEIREDO, Kleber Fossati. *Logística empresarial*: a perspectiva brasileira. São Paulo: Atlas, 2000.

LAMBERT, Douglas M.; STOCK, James R. Strategic logistics management. 3. ed. New York: McGraw-Hill, 1993.

LOBATO, David M. et al. *Estratégia de empresas*. Rio de Janeiro: FGV, 2003. Série Gestão Empresarial.

LOGÍSTICA atrasa eventual guerra no Iraque. *Folha Online*, São Paulo, 13 jan. 2003. Disponível em: <www.folha.com.br>. Acesso em: 14 mar. 2003.

LOPES, Denise. E-commerce: aumenta estoque para reduzir demora na entrega. *Gazeta Mercantil*, Rio de Janeiro, 22 maio 2000.

McKENNA, Regis. *Acesso total*: o novo conceito de marketing de atendimento. Rio de Janeiro: Campus, 2002.

MEIRA JR. et al. *Sistemas de comércio eletrônico*: projeto de desenvolvimento. Rio de Janeiro: Campus, 2002.

MOYSÉS FILHO, Jamil; SILVA, Renaud Barbosa da. A dimensão estratégica da logística. *O Estado de S. Paulo*, São Paulo, 11 jun. 2002.

NEWELL, Frederik. *Loyalty.com*: relationship management in the era of internet marketing. New York: McGraw-Hill, 2000.

NOVAES, Antonio Galvão. *Logística e gerenciamento da cadeia de distribuição*. Rio de Janeiro: Campus, 2001.

PEPPERS, D.; Rogers, M. *Empresa 1:1*: instrumentos para competir na era da interatividade. Rio de Janeiro: Campus, 1997.

PORTER, Michael E. *Estratégia competitiva*: técnicas para análise de indústrias e da concorrência. 7. ed. Rio de Janeiro: Campus, 1986.

______. *Vantagem competitiva*: criando e sustentando um desempenho superior. Rio de Janeiro: Campus, 1989.

PROCTER & GAMBLE. Banco de dados. Disponível em: <www.procter.com.br>. Acesso em: 15 out. 2003.

RESENDE, Denis Alcides; ABREU, Aline França de. *Tecnologia da informação aplicada a sistemas de informação empresarial*. São Paulo: Atlas, 2000.

ROSENBLOOM, Bert. *Canais de marketing*: uma visão gerencial. São Paulo: Atlas, 2002.

SAMBA, suor e biscoito de polvilho. *Exame*, São Paulo, 4 set. 2002.

SAMUELSON, Douglas A. The netwar in Iraq. *ORMS Today*, Linthicum, MD, p. 20-26, jun. 2003.

SANTOS, Almir Garnier. A importância da análise operacional no desfecho da Batalha do Atlântico. *Revista Marítima Brasileira*, Rio de Janeiro, 3. trim. 1999. (Serviço de Documentação Geral da Marinha.)

SIMCHI-LEVI, David; KAMINSKY, Philip; SIMCHI-LEVI, Edith. *Designing and managing the supply chain*. New York: McGraw-Hill, 2000.

SINDICATO DA INDÚSTRIA DE PANIFICAÇÃO E CONFEITARIA DE SÃO PAULO (Sindspan). *Panorama setorial*: tamanho das padarias. Disponível em: <www.sindipan.org.br/asp/quantidadePadarias.asp#quantidadePadarias>. Acesso em: jul. 2010.

SKYNET. Banco de dados. Disponível em: <www.ean.org.br>. Acesso em: 19 set. 2003.

SLACK, Nigel et al. *Administração da produção*. São Paulo: Atlas, 1999.

SUBMARINO.COM. Disponível em: <www.Submarino.com.br>. Acesso em: jul. 2010.

SUPERINTERESSANTE. São Paulo: Abril, 1986. Edição especial.

TURBAN, Efraim; RAINER JR., Rex Kelly; POTTER, Richard E. *Introduction to information technology*. New York: John Wiley & Sons, 2002.

UNDERHILL, Paco. *Vamos às compras!* Rio de Janeiro: Campus, 1999.

VILLASBÔAS, Luiz Felipe P. *A importância do posicionamento do estoque no nível de serviço logístico da Light Serviços de Eletricidade S/A*. Rio de Janeiro: Ebap/FGV, 2001.

WAL-MART. Banco de dados. Disponível em: <www.walmart.com>. Acesso em: 23 set. 2003.

Os autores

Fernando Saba Arbache

Mestre em engenharia industrial pela PUC-Rio e graduado em engenharia civil pela UFJF. CEO e responsável por novas soluções e parcerias para B2B e B2C da empresa Papel Virtual Editora. Desenvolvedor de sistemas de novas tecnologias em CRM, ERP e *business intelligence* para a editora, que foi incubada na Gênesis (PUC-Rio). Prestou serviços para: Rede Globo de Televisão, AON do Brasil, Citibank, entre outras. Possui diversos artigos publicados. Professor convidado da FGV.

Almir Garnier Santos

Mestre em pesquisa operacional e análise de sistemas pela Naval Postgraduate School da Califórnia, EUA. Graduado pela Escola Naval, com especialização em eletrônica. Sua experiência profissional inclui a gerência de projetos de otimização de recursos, de desenvolvimento de jogos e sistemas de apoio à decisão, e a chefia de departamentos de análise e desenvolvimento na

Marinha do Brasil, além do comando de um moderno navio de apoio logístico. Consultor nas áreas de localização estratégica de armazéns e de otimização de transportes. Possui diversos artigos publicados. Professor convidado da FGV.

Christophe Montenegro

MBA em *management* pela Coppead/UFRJ. Graduado em administração de empresas pela PUC-Rio. Sua experiência profissional é na área de marketing e vendas, tendo passado por organizações como Citibank e Souza Cruz. Sócio-diretor da POP Marketing, empresa de consultoria especializada em *trade* marketing. Professor convidado da FGV.

Wladimir Ferreira Salles

Mestre em engenharia de transportes pela UFRJ e MBA em gestão de negócios pelo Ibmec Business School do Rio de Janeiro. Graduado em engenharia mecânica pela Faculdade Souza Marques. Sua experiência profissional inclui cargos de gerência e supervisão nas áreas de armazenagem, distribuição, transporte e produção. Professor convidado da FGV.

Este livro foi impresso nas oficinas gráficas da Editora Vozes Ltda.,
Rua Frei Luís, 100 – Petrópolis, RJ.